문해력이 커지는
하루 한 장
어린이 경제신문

어린이 경제신문 / 진로N

머리말

'문해력 결핍 심각…모르는 단어, 유튜브로 찾아봐'

'고지식이 높은 지식인가요? 읽어도 이해 못하는 아이들'

'혼자서는 교과서도 읽을 수 없다, 심각한 교실'

  모두 우리나라 초등학생들의 '문해력 저하'와 관련된 신문 기사 제목입니다. 문해력이란, 글을 읽고 이해하는 능력을 말합니다. 하지만 무분별한 디지털 기기 사용과 코로나 팬데믹에 의한 학습 격차 등 다양한 이유로 많은 아이들이 문해력을 상실해가고 있습니다.
  문해력 저하는 단순히 어휘나 글을 모르는 것에서 끝나지 않습니다. 교과서 내용을 제대로 이해하지 못해 '학습 부진'을 겪을 수도 있고, 성적 하락이 자신감 하락으로 이어져, '교우 관계'에도 문제가 생길 수 있습니다. 이는 나아가 '사회성 발달'에도 영향을 미칠 수 있습니다.
  이런 상황들을 방지하기 위해서라도 아이들의 문해력 향상을 위한 노력은 반드시 필요합니다.

  그런 면에서 '신문'은 아이들의 문해력 향상을 돕는 매우 유용한 도구라고 할 수 있습니다. 세상에서 일어나는 다양한 분야의 정보들을 일목요연하게 정리해 제공함으로써, 머릿속 생각들을 확장시킬 수 있게 도와주기 때문입니다.
  신문 읽기와 문해력은 떼려야 뗄 수 없는 관계입니다. 이는 세계 각국의 연구 결과를 통해서도 이미 증명돼왔습니다.
  독일 교육 연구소는 '정기적으로 신문을 읽는 학생들은 그렇지 않은 학생에 비해 평균적으로 20% 더 높은 독해력을 보였다'는 연구 결과를 발표했습니다.
  또 미국 문해력 협회의 조사에선 '신문 읽는 습관을 가진 아이들은 그렇지 않은 아이들 보다 비판적 사고력과 문제 해결 능력이 25% 더 높다'는 결과가 나왔습니다.

영국 교육부의 조사에 따르면, '문해력이 높은 학생들은 표준 학력 평가에서 평균 15% 이상 높은 성적을 받은 것'으로 나타났으며, 한국 교육개발원의 조사에선 '문해력이 뛰어난 학생들은 대학 진학률이 30% 더 높은 것'으로 나타났습니다.

〈하루 한 장! 어린이 경제신문〉은 실제 신문 기사 읽기를 통한 '3가지 문해력 훈련' 방법을 제시합니다.
첫째 경제, 사회문화, 과학, 환경 등 4가지 주제의 신문기사를 알기 쉽게 풀어내, 아이들이 꼭! 알아야 할 필수 상식을 풍성하게 채워줍니다. **둘째** 기사와 관련된 체계적인 유형의 활동지를 제공함으로써, 독해력과 사고력을 키워줍니다. **셋째** 매일 한 장, 부담 없이 읽기 연습과 문제 풀이를 하며, 꾸준한 학습 습관을 길러줍니다.

이 책을 통해 우리 아이들이 신문 읽기의 진정한 가치와 즐거움을 배우며, 문해력이 쑥쑥 자라는 놀랍고 행복한 경험을 하길 바랍니다.

박원배 어린이 경제신문 대표

이렇게 활용해요!

- ✓ 본문을 읽기 전, 기사의 '핵심 개념'을 살펴봅니다.
- ✓ 분야별로 요약된 '기사 내용'을 꼼꼼히 읽어봅니다.
- ✓ 다양한 유형의 '퀴즈'를 풀며 내용을 복습합니다.
- ✓ 기사에 포함된 주요 '어휘'를 '한자'와 함께 익힙니다.

차례

- 머리말   2

경제

- 인어공주의 목소리는 기회비용이었다(?) **기회비용**   10
- 나라 경제 움직이는 '기준금리' **기준금리**   12
- "햄버거 단종? 뻥이야~" 분노 유발 노이즈 마케팅! **노이즈 마케팅**   14
- 한국은행 '중고거래'로 166억 원 번 사연! **중고거래**   16
- 전국 어디서나 대중교통 할인, 'K-패스' **K-패스**   18
- 라면 만들던 오뚜기, 이젠 전기(?)도 판대요 **ESG**   20
- 웹툰 PPL이 뜬다! **PPL**   22
- 경기가 착륙한다! '경착륙'과 '연착륙' **경착륙·연착륙**   24
- 시대 따라, 수요 따라 '만 원의 변신' **지폐**   26
- 그림을 빌려주는 은행이 있다고? **미술은행**   28
- 프랑스 맥도날드 감자튀김 용기 도난 사건! **순환경제**   30
- 무한리필 식당이 살아남는 이유 **한계효용 체감의 법칙**   32
- 많이 살수록 손해! '번들플레이션' **번들플레이션**   34

- '신용' 낮으면, '돈' 안 빌려줘요~ 신용 36
- 나라 경제수준 'GDP'로 알 수 있어! GDP 38
- 경제 어려워도 명품 산다! '베블런 효과' 베블런 효과 40
- '음료수 용량'의 비밀 착시 효과 42
- '리볼빙'이 뭐예요? 리볼빙 44
- 경제는 '엘니뇨'를 싫어해! 슈퍼 엘니뇨 46
- 한 우물 파야 성공한다? 아니요! 빅블러 48

사회 문화

- "취업 말고, 알바만 할래요" 프리터족 52
- 프랑스, 11세 미만 초등학생 핸드폰 금지! 미디어 노출 54
- 탄광 속, 카나리아의 경고! 탄광의 카나리아 56
- 병원 대기시간, 돈으로 구매하는 '똑닥' 똑닥 58
- 다디달고 다디단 '할머니 간식'이 좋아! 할매니얼 60
- 예수를 원숭이로 만든 '엉터리 복원' 복원 62
- 국경의 벽 낮춘 '유럽의 약속' 솅겐조약 64
- "둥근 라면, 넌 어디서 왔니?" 둥근라면 66
- 화장품 동물실험 STOP! 동물실험 68
- 세계는 지금, 군비 경쟁 중 군비 경쟁 70

환경

- 친환경인 척, '그린워싱 주의보' 그린워싱 74
- 비행기 타면, 지구는 열받아! 지속가능 항공유 76
- 특별한 땅 '습지'를 지켜라! 람사르 협약 78
- "물고기 살려~" 빈산소수괴의 습격! 빈산소수괴 80
- '빛 공해'로 잠 못 드는 도시 빛 공해 82
- 발자국 줄여서, 지구 지켜요! 탄소발자국·물발자국 84
- 줄일수록 행복해지는 '제로웨이스트' 제로웨이스트 86
- 플라스틱의 역습! 플라스틱 88
- 민물가마우지에게 '현상금' 걸린 사연은? 백화현상 90
- 방치된 폐자전거, 환경오염 유발해! 폐자전거 92

과학

- 현실과 가상의 만남 '버추얼 휴먼' 버추얼 휴먼 96
- 2024년에는 더 똑똑해진 '생성형 AI' 활용해요! 생성형 AI 98
- "삐빅" 바코드의 원리 바코드 100
- 죽음의 땅 '사막화'를 막아라! 사막화 102
- 도전! 메타 물질로 '투명망토' 만들기 메타 물질 104
- "내 콘텐츠, 쓰지마!" AI 학습 둘러싼 '저작권 논란' AI 저작권 106
- 2024년 MIT가 뽑은 미래 기술 10가지! 10대 미래 기술 108
- 피라미드의 장수 비결은? 피라미드 110
- 멕시코 출신 '강낭콩'이 사는 법 강낭콩 112
- 밤하늘에 반짝이는 별, 알고 보니 인공위성? 인공위성 114

부록

- 요모JO모 뉴스 118
- 정답 126

경제

경제

인어공주의 목소리는 기회비용이었다(?)

개념 쏙쏙! 기회비용(Opportunity Cost)
어떤 선택으로 인해 포기된 기회*들 중 가장 가치*가 높은 것을 말해요.

동화 속 경제 이야기

깊은 바닷속에 인어공주가 살고 있었어요. 어느 날 폭풍을 만나 바다에 빠진 왕자를 구하게 된 인어공주는 첫눈에 왕자에게 반하게 되고, 그날 이후로 매일 왕자를 그리워하며 가슴앓이를 했어요.

인어공주는 고민 끝에 마녀를 찾아가 왕자와 다시 만날 수 있는 방법을 물었어요. 마녀는 "아름다운 목소리를 주면, 인간의 다리를 갖게 해주겠다."고 했고, 결국 인어공주는 자신의 목소리와 다리를 맞바꾸게 됩니다.

그렇게 왕자를 만나 함께 지내게 된 인어공주는 하루하루가 정말 행복했어요. 하지만 안타깝게도 왕자는 자신을 구해준 은인*이 이웃나라 공주라고 오해하고, 그녀와 결혼하려고 하죠.

목소리를 잃은 인어공주는 끝까지 진실을 알리지 못한 채, 시름시름 앓다가 물거품이 되고 말았습니다.

인어공주의 기회비용은 목소리였어!

우리에게 너무도 친숙한 인어공주 이야기 속에는 중요한 '경제 원리'가 숨어 있어요. 인어공주는 원하는 것을 얻기 위해 소중한 것을 포기해야 했는데요. 포기한 것 중 가장 가치가 높은 것을 경제학에서는 '기회비용'이라고 정의합니다. 이야기를 통해 인어공주가 다리를 얻는 대신 포기한 기회비용은 '목소리'였다는 것을 알 수 있죠.

기사를 읽고 퀴즈를 풀어보세요!

1 빈칸에 알맞은 단어를 채워 문장을 완성해 보세요.

어떤 선택으로 인해 포기된 기회들 중, 가장 큰 가치를 갖는 기회를 ☐☐☐☐ 이라고 합니다.

2 다음 문장을 읽고 괄호 안에 알맞은 단어를 골라 동그라미 치세요.

이야기 속 주인공인 인어공주가 두 다리를 얻는 대신 포기한 기회비용은 (미모, 목소리)였어요.

3 소설 <심청전>에서 앞이 보이지 않는 아버지의 눈을 뜨게 하기 위해 심청이는 공양미 삼백석과 자신의 목숨을 맞바꾸는데요. 여기서 심청이가 포기한 기회비용은 무엇일까요?

_____

_____

문해력 쑥쑥! 어휘사전

★ **기회** | 어떠한 일을 하는 데 적절한 시기나 경우

★ **은인** | 자신에게 은혜를 베푼 사람

★ **가치** | 사물이 지니고 있는 쓸모

틀 '기', 모일 '회'	값 '가', 값 '치'	은혜 '은', 사람 '인'
機會	價値	恩人

💬 본문에 나온 한자어를 소리 내어 읽고 써보세요.

경제

나라 경제 움직이는 '기준금리'

> **개념 쏙쏙!** 기준금리(Base Rate)
> 금리의 기준이 되는 중심 금리. 한 나라의 금리를 대표하고 금융 정세*의 변화에 따라 달라져요. 우리나라의 기준금리는 '한국은행'이 정합니다.

기준금리가 뭔데 그렇게 중요해?

미국 중앙은행인 연방준비제도가 기준금리 인하의 가능성을 언급하면서 세계 경제시장이 들썩이고 있어요. 미국의 기준금리 변동은 세계 경제 흐름에도 적지 않은 영향을 미치는 만큼, 전 세계가 촉각을 세우고 있는 부분이기 때문이에요.

대체 기준금리가 뭐기에, 그렇게 중요한 거냐고요? 기준금리에 대해 알고 싶다면, 우선 금리에 대한 개념부터 이해해야 해

▲ 연방준비제도 깃발 [출처=wikipedia.org]

요. 누군가에게 돈을 빌려줄 때, 대부분은 그에 대한 '대가*'를 받아요. 돈을 빌려준 기간 동안은 그 돈을 사용할 수 없기 때문인데요. 이처럼 돈을 빌려준 대가로 받는 돈을 '이자'라고 합니다. 그리고 빌려준 원금에 대한 이자의 비율을 '금리'라고 해요.

그럼 기준금리는 뭘까요? 기준금리는 일반은행이 중앙은행*에서 돈을 빌릴 때 적용하는 이자율을 말해요. 가장 처음으로 돈을 만들고 빌려주는 단계로, 모든 금리의 기준이 되는 금리라고 할 수 있죠.

은행 금리·경제시장에 큰 영향 미쳐요!

기준금리는 경제시장에도 영향을 미쳐요. 기준금리가 높아지면 은행이 돈을 빌려준 대가로 받는 대출이자도, 예금을 받은 대가로 주는 예금이자도 모두 늘어나는데요. 이자 부담이 커진 기업과 개인은 돈을 빌리지 않게 되고, 시장에 풀리는 돈이 줄면서 주식이나 부동산 가격이 하락하게 됩니다. 반대로 기준금리가 낮아지면 대출이자와 예금이자도 낮아지면서 기업과 개인이 쉽게 돈을 빌릴 수 있게 돼요. 그로 인해 주식이나 부동산에 투자하는 돈이 늘면서 자연스럽게 주식과 부동산 가격이 상승하죠.

기준금리가 나라 경제를 움직일 만큼 중요한 이유, 이젠 확실히 알겠죠?

기사를 읽고 퀴즈를 풀어보세요!

1 빈칸에 알맞은 단어를 채워 문장을 완성해 보세요.

한 나라의 금리를 대표하는 금리 체계의 기준이 되는 중심 금리를 ☐☐☐☐ 라고 합니다.

2 다음 중 기준금리에 대한 설명으로 틀린 것을 고르세요. (　　)

① 일반은행이 중앙은행에서 돈을 빌릴 때 적용하는 이자율을 말한다.

② 모든 금리의 기준이 되는 금리라고 할 수 있다.

③ 기준금리가 오르면 주식과 부동산 가격도 오른다.

④ 기준금리가 내려가면 대출이자와 예금이자도 내려간다.

3 우리나라의 기준금리를 정하는 중앙은행의 이름은 무엇인가요?

문해력 쑥쑥! 어휘사전

★ **정세** | 일이 되어 가는 사정이나 형편

★ **중앙은행** | 한 나라의 화폐를 발행하고, 유통되는 돈의 양을 조절하는 은행

★ **대가** | 어떤 일에 들인 노력이나 희생에 대해 받는 값

✎ 본문에 나온 한자어 '대가'를 활용한 예문을 작성해 보세요.

> **예시** 대가(代價: 대신 '대', 값 '가')
> 사람들은 노동의 **대가**로 임금을 받는다.

> 경제

"햄버거 단종? 뻥이야~"
분노 유발 노이즈 마케팅!

개념 쏙쏙! **노이즈 마케팅(Noise Marketing)**
의도적으로 논란과 이슈를 만들어 소비자들의 이목을 끌려는 마케팅 전략 중 하나. 짧은 시간 안에 많은 사람들의 관심을 받을 수 있다는 장점이 있지만, 논란이 과하면 오히려 역효과를 일으킬 수도 있어요.

"40년 만에 와퍼 판매를 종료합니다"

2024년 4월, 국내 3대 햄버거 브랜드 중 하나인 버거킹이 '와퍼' 판매를 종료한다는 소식을 알렸어요. 갑작스러운 소식에 사람들은 혼란에 빠졌어요. 버거킹과 40년 역사를 함께한 간판 메뉴가 하루아침에 사라진다니요. 더군다나 논란이 될 만한 식품 위생 사고가 있던 것도 아니고, 와퍼의 인기가 시들해진 건 더더욱 아니었거든요.

와퍼 단종* 소식이 알려진 이후, 온라인에서는 버거킹 와퍼를 두고 시끌벅적 이야기가 오갔어요. 평소에는 와퍼에 관심이 없던 소비자도 '마지막으로 먹어보자'라며 매장을 찾을 정도였죠.

와퍼 사라진 다음 날 나타난 '뉴 와퍼'

▲버거킹 '와퍼' 종료 게시문
[출처=burgerking.co.kr]

그런데 와퍼가 단종된 다음 날, 놀라운 일이 벌어졌어요. 메뉴판에서 사라졌던 와퍼가 '뉴 와퍼'라는 이름으로 업그레이드돼 나타난 거예요. 알고 보니 현재의 와퍼는 이제 그만 팔고, 업그레이드된 새로운 와퍼를 만들어 판매하겠다는 버거킹의 계획이었습니다.

소비자들은 분노했어요. 와퍼를 영원히 팔지 않을 것처럼 하더니, 새로운 와퍼를 파는 모습이 소비자를 우롱* 하고, 기만* 하는 것처럼 보였거든요. 이 때문에 버거킹에서는 신제품과 사과문을 동시에 내놓는 보기 드문 상황이 벌어졌어요.

어떻게 보면 양치기 소년 같은 '무리수'를 둔 버거킹. 결과적으로 단종 소식이 처음 알려진 이후부터 최근까지 사람들의 입엔 끊임없이 버거킹 와퍼가 오르내리게 됐어요. 모든 것이 뉴 와퍼를 널리 알리려는 버거킹의 계획대로 이뤄진 셈이죠.

기사를 읽고 퀴즈를 풀어보세요!

1 다음 내용을 읽고 맞으면 O, 틀리면 X를 표기하세요.

- 버거킹의 '와퍼 단종' 소식은 노이즈 마케팅이에요. (   )
- 와퍼가 뉴 와퍼로 부활하자 사람들은 기뻐했어요. (   )
- 노이즈 마케팅 덕분에 버거킹의 매출은 크게 올랐어요. (   )

2 다음 중 '노이즈 마케팅'을 하고 있는 사람은 누구인지 찾아보세요. (   )

① 연준: (드라마의 한 장면, 서브웨이 샌드위치가 보인다) "이 샌드위치 정말 맛있다!"

② 수빈: "롯데리아 버거 접습니다." (버거 사업을 그만두지 않고, 진짜 반으로 접은 모양의 버거를 출시함)

③ 서휘: "이 물 한 병을 구매하시면 소외계층에 100원씩 기부됩니다."

④ 지훈: "3년짜리 인터넷 상품에 가입하시면 TV를 무료로 제공해 드려요."

문해력 쑥쑥! 어휘사전

★ **단종** | 특정 제품을 더는 생산하지 않음. 또는 그 제품

★ **기만** | 남을 그럴듯하게 속임

★ **우롱** | 사람을 어리석게 보고 함부로 대하거나 웃음거리로 만듦

끊을 '단', 씨 '종'	어리석을 '우', 희롱할 '롱'	속일 '기', 속일 '만'
斷種	愚弄	欺瞞

💬 본문에 나온 한자어를 소리 내어 읽고 써보세요.

경제

한국은행 '중고거래'로 166억 원 번 사연!

개념 쏙쏙! **중고거래**
이미 사용했거나 오래된 제품을 사고 파는 행위를 말해요.

"폐기* 동전 팔아요"

최근 한국은행에 관한 재미있는 이야기가 들려왔어요. 중고 거래로 상당한 이득을 얻었다는 소식인데요. 은행에 있는 가구들을 당근마켓에 몽땅 팔기라도 한 걸까요?

한국은행에선 새로운 화폐를 만드는 일 외에도, 너무 오염되거나 망가진 화폐를 폐기하는 일을 해요. 그런데 한국은행이 폐기되는 주화*를 버리는 대

신, '중고 거래'를 하기로 결정했어요. 매년 폐기되는 주화 가운데 일부를 금속가공기업에 판매하기로 한 건데요. 해당 기업은 주화를 녹여서 구리와 니켈 금속을 추출*하고, 이를 다시 외국으로 수출해요. 각 가정에서 분리배출한 페트병과 알루미늄캔을 재활용하듯이, 금속을 재활용하는 거죠.

놀랍게도, 이러한 활동을 통해 한국은행이 벌어들이는 수익은 어마어마해요. 지난 10년 동안 약 166억 원이 넘는 돈을 벌어들였거든요. 이 정도면 제법 괜찮은 중고거래 아닌가요?

멋대로 동전 녹였다간 처벌 받아요

이 기사를 접한 후에 '나도 동전을 녹여서 당근에다 팔아야지!'라고 생각하는 친구들이 있다면 그건 정말 좋지 않은 생각이라고 말해주고 싶어요.

동전은 국민의 세금을 들여 원료를 수입하고, 가공해서 만든 제품과 같아요. 따라서 동전을 일부러 훼손하는 건 범죄이며, 세금을 도둑질하는 행동과 다름없죠. 만약 여러분이 동전을 녹였다면 법에 따라 처벌을 받게 될 거예요.

기사를 읽고 퀴즈를 풀어보세요!

1 다음에 설명하는 문장의 답을 찾아, 낱말 퀴즈를 풀어보세요.

- 가로 - ① 상품 교환을 하거나, 가치를 정하는 역할을 함. 주화, 지폐가 있다 (2자)
  ③ 물건을 내다 팔아서 생긴 총액 (3자)
  ⑤ 국가 또는 지방 공공 단체가 필요한 경비로 사용하기 위해 국민이나 주민으로부터 강제로 거두어들이는 금전 (2자)

- 세로 - ② 못 쓰게 된 것을 버림 (2자)
  ④ 전체 속에서 어떤 물건, 생각, 요소 따위를 뽑아냄 (2자)
  ⑥ 열이나 전기를 잘 전도하고, 펴지고 늘어나는 성질이 풍부하며, 특수한 광택을 가진 물질을 통틀어 이르는 말 (2자)

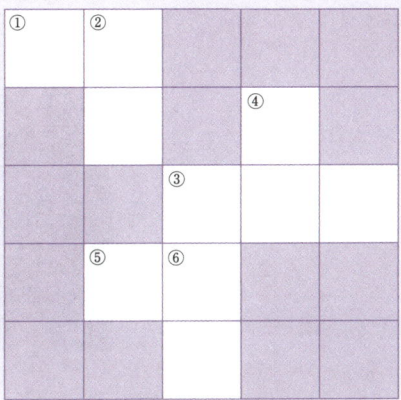

문해력 쑥쑥! 어휘사전

★ **폐기** | 못 쓰게 된 것을 버림

★ **주화** | 쇠붙이를 녹여 화폐를 만듦. 또는 그 화폐

★ **추출** | 고체 또는 액체의 혼합물에 용매를 가해서 혼합물 속의 어떤 물질을 용매에 녹여 뽑아내는 일

✎ 본문에 나온 한자어 '추출'을 활용한 예문을 작성해 보세요.

예시 추출(抽出: 뽑을 '추', 날 '출')
우리 할머니께서는 건강을 위해 매일 홍삼 **추출**액을 드신다.

경제

전국 어디서나 대중교통 할인, 'K-패스'

> **개념 쏙쏙!** **K-패스**
> 국토교통부에서 실시하는 대중교통비 지원 사업으로, 월 15회 이상 대중교통을 이용하면 일정 금액을 환급*해 주는 제도입니다.

전 국민 교통비, 돌려 드려요!

국토교통부가 교통비 환급 서비스 'K-패스'를 출시했어요. K-패스는 한 달에 15번 넘게 지하철·버스·GTX 등의 대중교통을 이용할 경우, 그달 교통비의 일부를 1개월 뒤에 돌려주는 제도인데요. 전국 어디서나 혜택을 받을 수 있다는 점이 가장 큰 특징입니다.

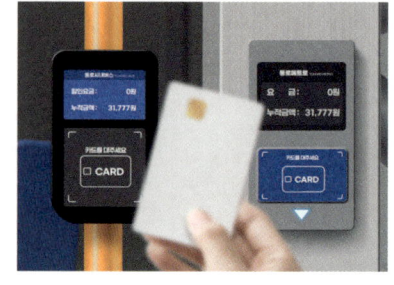

K-패스는 사용자의 나이대에 따라 환급되는 비율이 조금씩 달라요. 19~34세 청년은 교통비의 30%, 그 이외 연령층은 20%를 돌려받을 수 있어요. 저소득층의 경우, 53.3%로 환급 한도*를 높였죠. 이때 환급 횟수는 월 60회로 제한되기 때문에 한 달에 60번을 넘어선 교통비는 계산에서 제외됩니다.

가계 부담 줄이고, 환경보호해요!

이처럼 정부와 지자체가 각종 대중교통 할인정책을 내놓는 첫 번째 이유는 어려운 경제 상황에서 국민들의 가계* 부담을 덜어주기 위해서예요. 비록 큰돈은 아니지만, 교통비는 매달 고정적으로 발생하는 지출인 만큼, 환급을 통해 부담을 줄일 수 있으니까요.

두 번째 이유는 환경보호를 위해서예요. K패스 사용자가 늘면, 자가용 대신 대중교통을 이용하는 사람들이 많아지게 될 것이고, 그로 인해 자동차가 내뿜는 탄소 배출량을 줄일 수 있기 때문입니다.

아쉽게도, 어린이와 청소년은 K-패스 사업 대상이 아니에요. 하지만 여러 지자체가 어린이·청소년을 위한 교통비 지원 사업(THE 경기패스, 인천 I-패스 등)을 검토하거나, 실시하고 있으니 실망하긴 일러요. K-패스 사업이 활성화되고 있는 만큼, 앞으로의 성과가 기대됩니다.

기사를 읽고 퀴즈를 풀어보세요!

1 빈칸에 알맞은 단어를 채워 문장을 완성해 보세요.

K-패스는 국토교통부에서 실시하는 ☐☐☐☐ 지원 사업으로, 월 ☐ 회 이상 대중교통을 이용하면 일정 금액을 환급해주는 제도입니다.

2 다음 중, K-패스와 관련된 설명으로 틀린 것은 무엇인가요? (　　)

① 19~34세 '청년'은 교통비의 30%를 환급받는다.
② 환급 횟수는 월 60회로 제한된다.
③ 가계 부담을 덜어준다.
④ 탄소 배출량을 증가시킨다.

3 각 지자체별로 운영되는 교통비 환급 서비스의 이름을 찾아 적어보세요.

문해력 쑥쑥! 어휘사전

★ **환급** | 돈이나 물건 따위를 도로 돌려줌

★ **한도** | 한정된 정도

★ **가계** | 집안 살림을 꾸려 나가는 수단이나 형편

돌아올 '환', 줄 '급'	한정 '한', 법도 '도'	집 '가', 셀 '계'
還給	限度	家計

💬 본문에 나온 한자어를 소리 내어 읽고 써보세요.

> 경제

라면 만들던 오뚜기,
이젠 전기(?)도 판대요

> **개념 쏙쏙!** ESG
>
> '환경(Environmental)', '사회(Social)', '지배 구조(Governance)'를 의미하는 영어 단어의 첫 알파벳을 따 만든 용어. 오직 돈을 벌기 위해 기업을 경영하는 것이 아니라, 환경보호에 앞장서고, 사회적 약자를 돕는 등 사회 공헌* 활동을 하며, 법과 윤리를 철저히 지키는 경영 활동을 말해요.

"오뚜기에서 전기 팔아요~"

오뚜기는 라면이나 카레 같은 식품을 생산하는 기업으로 알려져 있는데요. 그런 오뚜기가 지난 2022년부터 자신들의 공장 옥상에 태양광 발전 시설을 설치해 전기를 생산하고 있어요.

최근에는 옥상뿐 아니라 사용하지 않는 부지*에도 태양광 패널*을 설치해 전력 생산을 확대하겠다는 계획을 밝히기도 했죠. 이렇게 생산한 전력은 공장을 가동하는 데 사용하고, 일부는 한국전력에 판매도 할 수 있어요.

그런데 태양광으로 직접 전기를 생산하는 식품 기업은 오뚜기가 처음이 아니에요. 크라운해태제과, 농심, 오비맥주 등 많은 기업이 공장·물류센터의 옥상이나, 용도가 없는 회사의 땅에 태양광 발전 설비*를 갖추고 전력을 생산하고 있어요.

이유 들어보니, 'ESG 경영' 때문이래요!

오뚜기와 같은 식품 기업들이 태양광 사업을 추진하는 이유는 'ESG 경영'을 위해서예요. 태양광 발전으로 식품 공장 가동*에 필요한 전기를 일정 부분 스스로 생산하고, 남은 전기는 판매하며 탄소 배출을 줄이는 데 동참하는 것입니다.

이는 큰 수익은 되지 않더라도, 기업의 가치를 평가하는 데 긍정적인 요소가 될 수 있어요. 또한 소비자에게 환경과 사회에 기여하는 '착한 기업'의 이미지를 줄 수 있어 마케팅으로 활용할 수도 있답니다.

+ 생각 더하기

'좋은 기업'의 새로운 기준

　예전에는 제품을 무조건 많이 생산하고, 돈을 잘 벌면 좋은 기업으로 평가했어요. 기업의 발전과 개발, 이윤이 무엇보다 중요했죠. 그 과정에서 심각한 환경 파괴가 발생하고, 인권과 노동의 가치가 무시되는 부작용이 발생하기도 했습니다.

　하지만 현대사회는 많이 달라졌어요. 아무리 돈을 많이 버는 기업이라도, 그 기업의 활동이 환경을 파괴하고 사회에 나쁜 영향을 미친다면 '좋은 기업'이라고 하지 않죠. 점차 심각해지는 기후변화 문제와 긴 팬데믹 사태를 경험한 소비자들은 앞으로 기업의 ESG 경영을 더욱 중요하게 평가할 것으로 보여요.

기사를 읽고 퀴즈를 풀어보세요!

1 빈칸에 알맞은 단어를 채워 문장을 완성해 보세요.

식품 기업들이 잇달아 태양광 발전 설비를 설치하는 건, 생산 과정에 사용하는 전기 요금을 줄이기 위해서일까요? 이것도 맞지만, 더 큰 이유가 있어요. 사실 식품 기업들이 태양광 발전을 통해 얻는 이윤은 매출 대비 매우 작은 수준에 불과해요. 그런데도 매년 설비 투자 비용을 감수하면서 태양광 에너지 설비를 갖추는 기업이 늘어나고 있어요. 바로 '☐☐☐ 경영'을 추진하기 위해서랍니다.

문해력 쑥쑥! 어휘사전

- ★ **사회 공헌** | 사회에 힘을 써서 도움이 되게 함
- ★ **부지** | 건물을 세우거나 도로를 만들기 위해 마련한 땅
- ★ **태양광 패널** | 여러 개의 작은 태양전지들로 이루어진 평평하고 넓은 판. 이 태양전지들은 햇빛을 받으면 전기를 만들어낸다
- ★ **설비** | 필요한 것을 베풀어서 갖춤. 또는 그런 시설
- ★ **가동** | 사람이나 기계 따위가 움직여 일함. 또는 기계 따위를 움직여 일하게 함

✏️ 본문에 나온 한자어 '부지'를 활용한 예문을 작성해 보세요.

　예시　부지(敷地: 펼 '부', 땅 '지')
　　　　　우리 학교는 **부지**가 넓다.

경제

웹툰 PPL이 뜬다!

> **개념 쏙쏙!** **PPL(Product Placement, 간접광고)**
> 특정 기업의 협찬을 대가로 영화나 드라마에서 해당 기업의 상품이나 브랜드 이미지를 끼워 넣는 광고기법을 말해요.

웹툰 PPL의 등장!

TV 프로그램이나 유튜브 영상을 시청하다 보면, 자연스럽게 출연자가 먹고, 마시고, 사용하는 제품에도 눈길이 가요. 상표를 잘 보이는 곳에 노출하기도 하고, 출연자가 직접 사용한 후 소감을 말하기도 하죠. 이는 PPL(간접광고)이라는 홍보 기법의 하나로, 최근에는 웹툰에서도 PPL이 등장하기 시작했습니다.

"주인공이 착용한 가방 어디 거야?"

▲네이버 웹툰 '청춘 블라썸'에 등장한 패션 브랜드 NERDY의 후드티와 가방 [출처=comic.naver.com]

특히 '네이버 웹툰'은 업계 최초로 웹툰 스토리 안에서 자연스럽게 광고를 녹여내는 광고 기법을 선보이며 큰 인기를 얻고 있어요.

이전까지는 만화의 한 회가 끝나는 마지막 장면에 4~5컷 정도의 스토리를 추가해 제품을 광고하거나, 작가의 작화*를 활용해 스토리가 없는 한 컷으로 제품을 홍보하는 방식으로 PPL을 제작해왔는데요. 이런 방식에서 벗어나, 웹툰 속 캐릭터가 특정 패션 브랜드의 옷이나 액세서리를 착용하고 등장하는 새로운 형태의 PPL을 선보인 거예요.

이는 이야기의 전개를 해치지 않아 거부감이 없다는 점에서 지식재산권*을 잘 활용한 PPL로 평가받고 있죠.

웹툰이 드라마나 영화 등으로 리메이크* 돼 성공하는 사례가 늘고 있는 만큼, 웹툰 PPL 시장의 수요도 계속 증가할 것으로 보입니다.

기사를 읽고 퀴즈를 풀어보세요!

1 빈칸에 알맞은 단어를 채워 문장을 완성해 보세요.

PPL은 특정 기업의 ☐☐ 을 대가로 영화나 드라마에서 해당 기업의 상품이나 브랜드 이미지를 소도구로 끼워 넣는 ☐☐☐☐ 을 말해요.

2 의류 브랜드 널디(NERDY)의 후드티와 가방을 간접광고에 적용시켜 화제가 된 네이버 웹툰의 이름은 무엇인가요?

----

3 다음 중, PPL과 관련된 설명으로 틀린 것은 무엇인가요? ( )

① PPL은 TV, 영화, 유튜브, 웹툰 등에 적용되는 간접광고다.
② 카카오 웹툰은 업계 최초로 웹툰 스토리 안에 자연스럽게 광고를 녹여내는 광고 상품을 출시했다.
③ 새로운 형태의 웹툰 PPL은 지식재산권을 잘 활용한 PPL로 평가받고 있다.
④ 웹툰 PPL 시장의 수요는 계속해서 증가할 것으로 보인다.

문해력 쑥쑥! 어휘사전

★ **작화** | 그림을 그림

★ **지식재산권** | 지적 활동으로 인해 발생하는 모든 재산권

★ **리메이크** | (Remake) 예전에 발표된 영화, 음악, 드라마 따위를 같은 제목과 내용으로 다시 만듦

지을 '작' 그림 '화'	알 '지', 알 '식', 재물 '재', 낳을 '산', 저울추 '권'
作畫	知識財産權

💬 본문에 나온 한자어를 소리 내어 읽고 써보세요.

경기가 착륙한다! '경착륙'과 '연착륙'

> **개념 쏙쏙!**
>
> **경착륙(Hard Landing)**
> 활기를 띠던 경기가 갑자기 냉각돼 주가가 폭락하고 실업자가 급증하는 사태를 말해요.
>
> **연착륙(Soft Landing)**
> 경기가 과열될 기미가 있을 때 경제 성장률을 적정한 수준으로 낮추어 불황*을 방지하는 것을 말해요.

착륙하는 비행기처럼, 급격하게 혹은 서서히

날씨가 안 좋은 날, 착륙 준비에 들어간 비행기를 상상해 보세요. 기장과 부기장은 비행기를 안정적으로 착륙시키기 위해 침착하게, 그렇지만 필사적으로 노력할 거예요. 이들의 노력은 성공할 수도 있고, 실패할 수도 있어요. 큰 문제 없이 부드럽게 안착*할 수도 있고, 바닥에서 튀어 오를 정도로 거칠게 착륙하거나, 심지어 완전히 실패해 추락할 가능성도 있죠.

갑자기 웬 비행기 얘기냐고요? 비행기가 착륙하는 모습을 빗대어 탄생한 경제용어를 설명하기 위해서랍니다.

'경착륙'보단 안정적인 '연착륙'으로~

비행기가 급격히 추락하듯 경기가 급속도로 위축*되는 상황을 '경착륙'이라고 해요. 경착륙으로 인해 경기가 얼어붙으면 주가가 폭락하고, 실업자와 문을 닫는 기업들이 급증해요. 그러다가 불황이 찾아올 수도 있죠.

이런 부작용을 줄이기 위해서 각국의 정부는 화폐의 양을 조절하고, 세금을 조정하는 등의 방법을 통해 경기 위축에 대응하는데요. '연착륙'이 바로 그것입니다. 경기 하락의 속도와 폭을 둔화시켜 최대한 피해를 줄이는 방식이죠.

금융 전문가들은 미국의 경제 침체 우려에 대해 "2024년 미국 경제가 연착륙에 성공할 가능성에 힘을 얻고 있다."고 전망하고 있어요. 급강하는 경착륙이 아닌, 안정적인 연착륙 소식에 안심이 됩니다.

기사를 읽고 퀴즈를 풀어보세요!

1 다음에 설명하는 문장의 답을 찾아, 낱말 퀴즈를 풀어보세요.

- 가로 – ① 활기를 띠던 경기가 갑자기 냉각돼 주가가 폭락하고 실업자가 급증하는 사태 (3자)
  ③ 위신이나 가치 따위가 떨어짐 (2자)
  ⑤ 중앙은행이 돈의 양을 늘리거나 줄임으로써 경제활동의 수준을 조절하는 정책 (4자)

- 세로 – ② 경기가 과열될 기미가 있을 때에 경제 성장률을 적정한 수준으로 낮추어 불황을 방지하는 것 (3자)
  ④ 물건의 값이나 주가 따위가 갑자기 큰 폭으로 떨어짐 (2자)
  ⑥ 정부가 경기 관리를 위해 세입과 세출을 조절하는 정책 (4자)

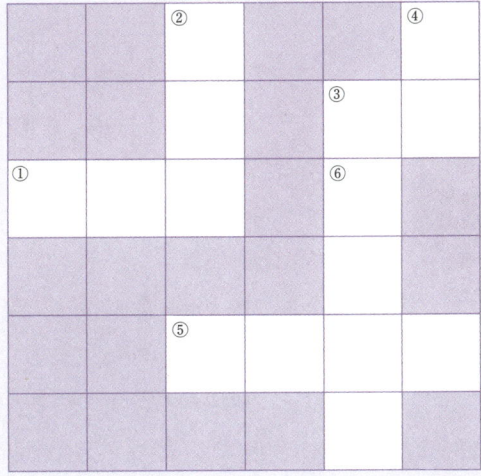

문해력 쑥쑥! 어휘사전

★ **불황** | 경제 활동이 일반적으로 침체되는 상태

★ **안착** | 마음의 흔들림 없이 어떤 곳에 착실하게 자리 잡음

★ **위축** | 어떤 힘에 눌려 줄아들고 기를 펴지 못함

아닐 '불', 상황 '황'	편안 '안', 붙을 '착'	시들 '위', 줄일 '축'
不況	安着	萎縮

💬 본문에 나온 한자어를 소리 내어 읽고 써보세요.

> 경제

시대 따라, 수요 따라 '만 원의 변신'

개념 쏙쏙! 지폐
종이에 인쇄를 해서 만든 화폐로, 오래될수록 가치가 높아져요.

"은행 가면 바꿔주나요?"

▲한 커뮤니티에 올라온 오래된 1만 원권 지폐 사진 (출처=bobaedream.co.kr)

얼마 전, 한 커뮤니티에 '손님이 내신 돈'이라는 제목의 글이 올라와 화제가 됐습니다. 글쓴이는 "은행 가면 바꿔주나요?"라는 질문과 함께 현재 우리가 사용하는 것과는 생김새가 많이 다른 1만 원권 지폐 사진을 올렸어요. 그것은 바로 옛날에 만들어진 구형★ 지폐였습니다.

화제가 된 구형 지폐는 현재 우리가 사용하고 있는 신권★('바' 만 원권)뿐만 아니라, 이전에 사용하던 신권('마' 만 원권)과도 도안★이 달랐어요. 알고 보니, 그것은 1973년에 최초로 발행된 지폐였어요. 훼손된 정도에 따라 가치가 다르긴 하지만, 해당 지폐와 같은 구형 만 원권이 33만 원에 거래된 적이 있다고 해요. 오랜 기간만큼 희소성★이 커졌기 때문입니다.

지폐의 가치를 결정하는 중요한 항목이 있는데요. 바로 일련번호★예요. 한 숫자로 통일되거나, 순서대로 된 번호 등과 같이 희귀한 일련번호가 새겨진 지폐는 가치가 높아져요. 또한 사용한 적 없는 미사용 지폐라면 가치가 더욱 올라가서 상대적으로 높은 가격으로 팔리죠.

만 원권 지폐의 변천사

최초의 만 원권('가' 만 원권)은 1973년 6월 12일부터 1981년 11월 10일까지 발행됐어요. 당시 도안의 앞면에는 세종대왕 초상이, 뒷면에는 경복궁 근정전이 그려져 있었습니다.

만 원권의 도안은 2024년 현재까지 모두 5번 바뀌었는데요. 첫 번째 만 원권('가' 만 원권) 뒷면에 있던 경복궁 근정전은 1979년에 두 번째 만 원권('나' 만 원권)이 발행되면서 경복궁 경회루와 무궁화로 바뀌었고, 1983년부터는 경회루만 들어갔어요. 그리고 현재 우리가 사용하고 있는 만 원권('바' 만 원권)부터는 뒷면에 혼천의, 천상열차분야지도, 보현산 1.8m 망원경 등이 담기게 됐죠.

만 원권 지폐에 관한 다양한 정보를 알고 나니, 지갑 속 지폐가 예전보다 조금 더 특별해 보이지 않나요?

기사를 읽고 퀴즈를 풀어보세요!

1 빈칸에 알맞은 단어를 채워 문장을 완성해 보세요.

지폐란, 종이에 ☐☐ 를 해서 만든 ☐☐ 를 말해요.

2 다음 내용을 읽고 맞으면 O, 틀리면 X를 표기하세요.

- 최초의 만 원권은 1983년 6월 12일부터 1991년 11월 10일까지 발행됐어요. (　)
- 만 원권 도안은 2024년 현재까지 총 6번 바뀌었어요. (　)

3 다음 중 화폐의 가치를 결정하는 중요한 요소는 무엇인가요? (　)

① 만든 곳
② 종이의 질
③ 도안의 화려함
④ 일련번호

문해력 쑥쑥! 어휘사전

★ **구형** | 기계 따위의 생김새나 기능이 낡고 오래된 것

★ **신권** | 새로 발행한 지폐

★ **도안** | 미술품이나 공예품, 건축물 등의 모양이나 색채 등을 그림으로 나타냄

★ **희소성** | 원하는 사람은 많지만, 그것을 충족시킬 수 있는 양이 부족한 상태

★ **일련번호** | 일률적으로 이어 붙인 번호

✏️ 본문에 나온 한자어 '도안'을 활용한 예문을 작성해 보세요.

예시 도안(圖案: 그림 '도', 책상 '안')
건축물의 **도안**이 완성됐다.

경제

그림을 빌려주는 은행이 있다고?

> **개념 쏙쏙!** 미술은행
>
> 정부가 미술품을 구입해 정부기관 혹은 지방자치단체에 전시하거나 빌려주는 제도를 말해요.

미술은행을 아시나요?

그림이 필요한 곳에 그림을 빌려주는 은행이 있다는 사실을 알고 있나요? 정부 예산으로 구입한 미술품을 공공기관 등에 대여해 주는 '미술은행'이 바로 그것인데요. 일종의 미술품 렌털* 서비스라고 볼 수 있죠.

이미 세계 여러 나라에서 이 제도를 시행 중이에요. 영국은 1934년, 프랑스는 1976년부터 미술은행을 운영하고 있고, 캐나다와 호주도 30여 년 전 미술은행을 도입한 이후, 미술문화 활성화에 기여한다는 점에서 좋은 평가를 받고 있어요. 우리나라는 2005년 국립현대미술관에서 처음 미술은행을 운영하기 시작했고, 2012년에는 정부 미술은행이 설립됐죠.

국립현대미술관 미술은행이 구매한 작품은 공공기관, 기업, 지역 문화 예술 기관 등에 빌려주고 전시해요. 문화와 함께하는 공간을 꾸며 대중이 보다 쉽게 미술작품을 접할 수 있도록 하는 거죠.

정부 미술은행은 좀 더 공적*인 분야를 담당해요. 수요*에 맞춘 우수한 작품을 구매하고, 이를 정부 기관이나 해외 문화원에 대여함으로써 우리나라의 현대미술을 세계에 알리는 역할을 수행합니다.

미술시장 활성화에 앞장서요!

▲국립현대미술관 미술은행 [출처=artbank.go.kr]

미술은행의 작품 구매는 미술시장을 활성화해요. 매년 구매 작품을 결정하는 공모전을 열어 미술시장에서 주목받지 못한 잠재력 있는 작가를 발굴*하기 때문이죠.

이처럼 미술작품의 구입과 대여, 전시를 통한 미술시장 활성화와 대중화를 이끌어 가는 미술은행의 역할이 앞으로 더욱 기대됩니다.

기사를 읽고 퀴즈를 풀어보세요!

1 다음 내용을 읽고 맞으면 O, 틀리면 X를 표기하세요.
- 미술은행은 시민들의 모금활동으로 구입한 그림을 공공기관 등에 대여해 주는 제도예요. (   )
- 우리나라는 2005년 국립현대미술관에서 처음 미술은행을 운영하기 시작했어요. (   )

2 다음 중 미술은행을 운영하는 나라를 모두 고르세요. (   )

① 영국
② 프랑스
③ 나이지리아
④ 캐나다

3 미술은행의 역할에 관한 내용을 읽고 빈칸에 알맞은 답을 적어보세요.

미술은행의 작품 구매는 미술시장을 활성화해요. 매년 구매 작품을 결정하는 ☐☐을 열어 미술시장에서 주목받지 못한 잠재력 있는 작가를 발굴합니다.

문해력 쑥쑥! 어휘사전

★ **렌털** | (rental) 임대, 대여

★ **공적** | 국가나 사회에 관계되는 것

★ **수요** | 어떤 재화나 용역을 일정한 가격으로 사려고 하는 욕구

★ **발굴** | 세상에 널리 알려지지 않거나 뛰어난 것을 찾아 밝혀냄

공평할 '공', 과녁 '적'	쓰일 '수', 요긴할 '요'	필 '발', 팔 '굴'
公的	需要	發掘

💬 본문에 나온 한자어를 소리 내어 읽고 써보세요.

경제

프랑스 맥도날드 감자튀김 용기 도난 사건!

> **개념 쏙쏙!** **순환경제(Circular Economy)**
> 제조-소비-폐기로 이어지는 기존의 선형경제 형태에서 벗어나, 자원 투입량과 폐기물, 오염물질 배출, 에너지 손실을 최소화할 수 있도록 물질과 에너지를 순환*시키는 경제 활동을 말해요.

지구 환경 지키는 '순환경제'

수명이 끝난 상품을 복원*하거나 재생*해서 재탄생시키는 친환경 경제모델 '순환경제.' 자원의 소모와 폐기를 최소화해 지구 환경을 보호하고, 생산 비용을 줄이는 데 큰 역할을 합니다.

이미 많은 나라들이 순환경제로의 전환에 동참하고 있는 상황인데요. 일례로 프랑스는 2040년까지 일회용 플라스틱 포장 제품 사용을 전면 금지하는 '순환경제법'을 제정해 실천 중이랍니다.

감자튀김 용기를 사수하라!

▲프랑스 맥도날드가 사용한 다회용 감자튀김 용기
[출처=leparisien.fr]

그런데 순환경제법이 시행되면서 프랑스 전역의 맥도날드 지점들이 때아닌 '감자튀김 용기 도난 사건'에 휩싸이게 됐어요. 기존에 사용하던 플라스틱 코팅 종이 용기 대신 여러 번 사용이 가능한 고무 재질의 빨간 용기가 등장하자, 예쁜 디자인에 시선을 빼앗긴 손님들이 용기를 몰래 훔쳐 가는 웃지 못할 상황이 벌어졌기 때문인데요. 도난되는 용기 수가 점점 늘자, 맥도날드 측은 '새 다회용 용기'를 준비해야 하는 부담이 크다며 난감함을 표했어요.

비록 예상치 못한 난항을 겪긴 했지만, 프랑스 맥도날드가 시행한 '다회용 용기' 사용은 환경을 지키는 순환경제의 좋은 예라고 볼 수 있습니다.

기사를 읽고 퀴즈를 풀어보세요!

1 다음 기사 내용을 읽고 맞으면 O, 틀리면 X를 표기하세요.

- 순환경제 실천으로 자원의 소모와 폐기를 최소화해 지구 환경을 보호할 수 있어요. (   )
- 일회용 용기 사용은 순환경제의 좋은 예로 볼 수 있어요. (   )

2 다음 중 단어와 설명이 바르게 연결된 것을 고르세요. (   )

① 제조 ▶ 소비 ▶ 폐기 – 순환경제

② 친환경 경제모델 – 선형경제

③ 프랑스 – 순환경제법

④ 영국 맥도날드 – 다회용 용기

3 아래 내용은 순환경제에 관한 세부 설명입니다. 내용을 읽고 지구 환경 보호 이외에 순환경제가 가진 장점을 유추해 빈칸에 답을 적어보세요.

순환경제는 자원의 사용을 최소화해 생산 비용을 줄여요. 제품에 문제가 발생하면 수리해서 상품의 수명을 늘려요. 중고품이나 폐기물로 배출된 제품 중, 재사용이 가능한 것은 다시 사용하는 것도 순환경제라고 볼 수 있는데요. 재사용이 어려운 제품은 원료로 가공해 다른 제품의 재료로 사용하기도 합니다.

▷ 순환경제를 실천하면, ㅅ ㅅ 비용을 줄일 수 있어요.

문해력 쑥쑥! 어휘사전

★ **순환** | 주기적으로 자꾸 되풀이하며 돎. 또는 그런 과정

★ **재생** | 낡거나 못 쓰게 된 물건을 가공해서 다시 쓰게 함

★ **복원** | 원래대로 회복함

✎ 본문에 나온 한자어 '순환'을 활용한 예문을 작성해 보세요.

예시 순환(循環: 돌 '순', 고리 '환')
지구의 바다는 따뜻한 물과 차가운 물이 **순환**하고 있다.

경제

무한리필 식당이 살아남는 이유

> **개념 쏙쏙!** **한계효용 체감의 법칙**
> 일정한 기간 동안 소비되는 재화*의 수량이 증가할수록 재화의 추가분*에서 얻는 경제적 가치는 점점 줄어든다는 법칙을 말해요.

"무한리필인데, 그만 먹으라고요?"

먹고 싶은 음식을 마음껏 먹을 수 있는 '무한리필 식당'은 누구나 부담 없이 즐길 수 있어 인기가 많아요. 그런데 한 커뮤니티에서 무한리필과 관련한 논쟁이 벌어졌습니다.

한 손님이 1인당 5만 원의 무한리필 회전 초밥집에서 자신이 좋아하는 특정 메뉴를 집중해서 먹었어요. 그런데 1시간 뒤, 초밥집 사장이 다가와 "비싼 초밥만 먹는 것은 예의가 아니고 가게 입장에서도 손해"라며 손님에게 나가 달라고 요구했어요. 손님은 "무한리필 가게인데 무슨 문제가 있냐"며 거부했고, 둘은 다투기 시작했어요. 결국 경찰까지 출동하게 됐죠.

무한한 것에는 한계가 있어!

무한 리필 식당에선 적게 먹든 많이 먹든 가격은 동일해요. 그런데도 식당이 손해를 보지 않는 이유는 '한계효용' 때문입니다. 한계효용은 재화나 서비스의 양을 계속 늘리면서 느끼는 만족감을 뜻해요.

▲무한리필 회전 초밥집 [출처=wikipedia.org]

여러분이 초콜릿을 1개 먹었을 때와 100개 째 먹었을 때의 만족감은 같을까요? 그렇지 않아요. 아무리 좋아하는 초콜릿이어도 처음에 느꼈던 만족감과 여러 번 소비했을 때 느끼는 만족감은 달라지니까요.

이처럼 한계효용은 소비되는 재화의 양이 늘어날수록 점차 줄어드는 경향을 보여요. 이것을 '한계효용 체감의 법칙'이라고 합니다.

위 사건에서 소비자는 자신이 좋아하는 비싼 초밥만 집중적으로 먹어서 한계효용을 최대한 늘리려고 했어요. 이는 가게 주인의 판매 전략과 달랐고, '더 먹게 하는 것은 손해다'라는 가게 주인과 '무한리필인데 뭐가 문제냐'라는 소비자가 충돌한 사례입니다. 여러분은 어느 쪽 입장에 공감하나요?

기사를 읽고 퀴즈를 풀어보세요!

1 빈칸에 알맞은 단어를 채워 문장을 완성해 보세요.

☐☐☐☐ 은 재화나 서비스의 양을 계속 늘리면서 느끼는 만족감을 뜻해요.

2 다음 내용을 읽고 맞으면 O, 틀리면 X를 표기하세요.

- 무한 리필 식당에선 적게 먹든 많이 먹든 지불하는 가격은 동일해요. (   )
- 한계효용은 점차 늘어나는 경향이 있어요. (   )

3 무한리필 회전 초밥집에서 벌어진 논쟁에 대해 여러분의 생각을 자유롭게 적어보세요.

문해력 쑥쑥! 어휘사전

★ **재화** | 사람이 바라는 바를 충족시켜 주는 모든 물건

★ **추가분** | 나중에 더 보탠 부분. 또는 그 분량

재물 '재', 재물 '화'	쫓을 '추', 더할 '가', 나눌 '분'
財貨	追加分

💬 본문에 나온 한자어를 소리 내어 읽고 써보세요.

> 경제

많이 살수록 손해!
'번들플레이션'

> **개념 쏙쏙!** 번들플레이션(Bundleflation)
> 번들(Bundle)과 인플레이션(Inflation)의 합성어로, 단위 가격으로 비교했을 때 묶음 상품이 낱개 상품보다 더 비싼 현상을 가리키는 신조어를 말해요.

하나 사면, 하나가 공짜 '번들 상품'

기업은 상품을 많이 팔수록 이익을 얻고, 재고*가 늘면 손해를 봅니다. 그래서 소비자에게 최대한 많은 상품을 팔기 위해 다양한 전략을 펼쳐요. 1+1, 2+1 등의 묶음 상품이나 대용량 패키지 상품, 공동구매 등이 그 예로, 이것을 '번들 상품'이라고 합니다.

번들은 사전적 의미로 '꾸러미', '묶음'을 뜻하는데요. 번들 상품은 한 번에 많이 구매하는 대신, 낱개로 구매할 때 좀 더 저렴하다는 장점이 있습니다. 소비자로 하여금 들이는 비용에 비해 얻는 이득이 크다고 느끼게 하는 것이죠.

소비자 우롱하는 꼼수 판매 NO!

그런데 물가 상승이 계속되면서 국민 생활이 어려워지자, 몇몇 기업이 우회적*으로 가격을 올리는 방법을 선택하기 시작했어요. '번들플레이션'이 바로 그것인데요. '번들'과 '인플레이션'이 합쳐져 만들어진 번들플레이션은 묶음 상품이 낱개 상품보다 더 비싼 현상을 가리켜요.

'낱개 상품보다 묶음 상품이 더 저렴하다'는 고정관념을 가진 소비자들의 심리를 악용해 묶음 상품을 더욱 비싸게 파는 '꼼수 판매'를 빗댄 말이죠.

이러한 꼼수 판매의 문제점이 수면 위로 떠오르자, 그 해결책으로 온라인 시장에서도 '단위가격 표시제*'를 의무화해야 한다는 의견이 공감을 얻고 있는 상황인데요. 눈앞의 이익을 위해 소비자를 속이는 일부 기업들의 꼼수! 하루 빨리 사라지길 바랍니다.

기사를 읽고 퀴즈를 풀어보세요!

1 다음 내용을 읽고 맞으면 O, 틀리면 X를 표기하세요.

- 번들플레이션은 '번들(Bundle)'과 '인플레이션(Inflation)'을 합친 신조어예요. (   )
- 기업은 상품을 많이 팔수록 '이익'을 얻고, 재고가 늘면 '손해'를 봐요. (   )

2 빈칸에 알맞은 단어를 채워 문장을 완성해 보세요.

☐☐☐☐ 은 한 번에 많이 구매하는 대신, 낱개로 구매할 때보다 저렴하다는 장점이 있습니다. 소비자로 하여금 들이는 ☐☐ 에 비해 얻는 ☐☐ 이 크다고 느끼게 하는 것이죠.

3 다음 중, 번들 마케팅에 해당되지 않는 것은 무엇인가요? (   )

① 과자 한 봉지를 사면, 한 봉지를 더 주는 '1+1 마케팅'
② 2800원짜리 음료수 4캔을 묶어서 만원에 판매하는 '묶음 마케팅'
③ 2개의 OTT를 동시에 구독하면, 20% 할인해주는 '할인 마케팅'
④ 고가의 제품을 적극적으로 홍보하는 '프리미엄 마케팅'

문해력 쑥쑥! 어휘사전

★ **재고** | 새로 만든 것이 아니고 전에 만들어 아직 상점에 내놓지 않았거나, 팔다가 남아서 창고에 쌓아 놓은 물건

★ **단위가격표시제** | 중량이나 수량으로 거래하는 물건의 가격을 단위 가격으로 표시하는 제도

★ **우회적** | 곧바로 가지 않고 멀리 돌아서 가는 것

✏️ 본문에 나온 한자어 '재고'를 활용한 예문을 작성해 보세요.

예시 재고(在庫: 있을 '재', 곳집 '고')
삼촌이 하는 일은 공장에서 **재고** 관리를 하는 것이다.

경제

'신용' 낮으면, '돈' 안 빌려줘요~

> **개념 쏙쏙!** **신용(Credit)**
>
> 돈을 빌린 뒤 꼬박꼬박 잘 갚는다면 그 사람에게 믿음이 생길 거예요. 돈을 빌리고 갚는 금융 분야에서도 이러한 '믿음'이 있습니다. 바로 '신용(信用)'이죠. 신용이라는 말에는 사전적으로 '사람이나 사물이 틀림없다고 믿는다'라는 의미가 있어요. 금융에서는 '돈을 잘 빌리고, 잘 갚는 거래 능력'을 뜻한답니다.

금융회사는 나를 '신용점수'로 판단해요

금리와 물가가 높고, 세계 경제는 혼란스러워요. 얼마 전에는 "올해 1~3월에만 신용불량이 된 자영업자가 1만 명 늘어났다"라는 뉴스가 보도되기도 했어요.

'신용점수'는 사회에서 개인이나 소상공인*을 평가하는 '금융 활동 점수'라고 할 수 있는데요. 다른 데서 돈을 빌

렸는지, 평소 소비생활은 어떤지 등을 종합해서 최저 0점에서 최고 1,000점을 매겨요. 1,000점에 가까울수록 신용도가 높다는 뜻이에요. 점수가 높으면 은행에서 이자를 더 적게 내고 더 많은 돈을 빌릴 수 있어요. 신용카드도 만들 수 있고요.

신용이 낮아지면 어떻게 될까?

신용카드로 소득 이상의 소비를 하거나, 빌린 돈과 이자를 제때 갚지 못하는 상황이 반복되면, 신용점수가 낮아지다 결국 '신용불량자*'로 지정됩니다. 경제적으로 믿을 수 없게 됐다는 뜻이죠. 그러니 은행은 돈을 잘 빌려주지 않고, 쓴 돈을 나중에 결제하는 구조인 신용카드도 만들거나 사용할 수 없어요. 예금한 돈도 대부분 꺼낼 수 없게 정지되고, 금융업 관련 직종*에서 일하기도 어려워집니다.

하지만 낮아진 신용도는 다시 회복할 수 있어요. 다만, 신용을 회복하는 건 정말 힘들고 긴 시간이 걸리는 일이죠. 애초에 신용점수가 낮아지거나 신용불량자가 되지 않도록 잘 관리하는 것이 가장 현명한 방법이에요.

+ **생각 더하기**

'용돈 관리'하며 신용 쌓아보자

신용 관리는 용돈 관리와 비슷한 면이 많아요. 소득 범위 내에서 잘 사용해야 좋은 평가를 받고, 과하게 소비하면 미래의 나를 힘들게 하니까요. 따라서 미래를 위해 '용돈 관리'를 하며 신용을 잃지 않도록 연습해 봅시다. 바로 오늘부터 올바른 경제관념과 소비 습관을 싹 틔워 보는 거예요.

기사를 읽고 퀴즈를 풀어보세요!

1 다음 중 신용과 관련된 내용으로 틀린 것은 무엇인가요? (   )

① 신용은 한번 떨어지면 다시 회복할 수 없다.
② 빌린 돈과 이자를 제때 갚지 못하는 상황이 반복되면 '신용불량자'가 된다.
③ 사회에서 '신용점수'는 곧 '금융 활동 점수'라고 할 수 있다.
④ 신용점수가 1,000점에 가까우면 신용도가 높다는 뜻이다.

2 다음은 <보기>를 읽고 요약한 내용입니다. 빈칸에 들어갈 말을 적어보세요.

<보기>

신용카드를 사용하면, 체크카드를 사용할 때보다 신용점수를 좀 더 높게 받을 수 있어요. 결제 먼저 하고 나중에 돈이 빠져나가는 구조가, 우선 돈을 빌리고 나중에 갚는 대출과 비슷하기 때문입니다.

신용카드는 잘만 사용하면 ☐☐☐☐ 를 높일 수 있어요.

문해력 쑥쑥! 어휘사전

★ **소상공인** | 작은 규모로 가게나 사업을 운영하는 사람들

★ **직종** | 직업이나 다양한 종류의 일

★ **신용불량자** | 금융거래 등에서 발생한 빚을 정당한 이유 없이 제때 갚지 못한 사람

✏️ 본문에 나온 한자어 '직종'을 활용한 예문을 작성해 보세요.

예시 직종(職種: 직분 '직', 씨 '종')
인공지능 분야는 미래 유망 **직종**으로 꼽힌다.

경제

나라 경제수준 'GDP'로 알 수 있어!

> **개념 쏙쏙!** GDP(Gross Domestic Product, 국내총생산)
> 일정 기간 동안 한 나라의 국경* 안에서 생산된 모든 최종 생산물의 가격의 합. 한 국가의 경제수준을 나타내는 지표*예요.

GDP의 4가지 조건!

경제 뉴스 헤드라인에서 자주 등장하는 단어 'GDP'는 '국내총생산'이라는 뜻인데요. 한 해 동안 한 나라에서 생산된 모든 생산물의 부가가치*라고 설명할 수 있어요. 국내에서 만든 스마트폰, 자동차, 음식 등과 같은 재화뿐만 아니라 병원, 콘서트, 게임 등의 서비스가 모두 포함되죠.

그런데 여기에는 몇 가지 조건이 붙어요. 첫째, 그해에 만들어진 것만 포함해야 해요. 예를 들어, 작년에 만든 자동차를 올해 팔면 GDP에 포함되지 않아요. 둘째, 자국에서 발생한 것만 인정돼요. 예를 들어, 손흥민 선수가 한국에서 신라면 광고로 벌어들인 돈은 인정되지만, 유럽 축구 리그에서 활약해서 번 돈은 포함되지 않아요. 셋째, 최종적으로 완성된 제품의 GDP만 인정돼요. 농부가 열심히 가꾼 양파를 시장에서 팔았다면 GDP에 포함되지만, 햄버거 가게에 납품해서 햄버거의 재료가 됐다면 양파의 부가가치는 GDP로 인정되지 않아요. 마지막으로, 공식적인 거래만 인정돼요. 당근마켓과 같은 개인적인 거래는 GDP에 포함되지 않죠.

세계 GDP 순위 Top10 국가는?

GDP는 보통 그 나라의 경제규모를 파악할 때 많이 사용되는데요. GDP가 클수록 나라에서 생산되는 부가가치도 큰 만큼, 국가의 부유함을 판단하기 쉽기 때문이에요.

그렇다면, 2023년 기준, 전 세계에서 GDP가 가장 큰 나라는 어디일까요? 바로 부동의 1위를 차지하고 있는 미국입니다. 그 뒤로는 중국, 독일, 일본, 인도, 영국, 프랑스, 이탈리아, 브라질, 캐나다 순으로, 대한민국은 13위를 차지했죠.

과연 앞으로 우리나라의 GDP 순위에는 어떤 변화가 찾아올까요?

기사를 읽고 퀴즈를 풀어보세요!

1 빈칸에 알맞은 단어를 채워 문장을 완성해 보세요.

GDP는 'Gross Domestic Product'의 약자로, 해석하면 ☐☐☐☐ 이라는 뜻인데요. 한 해 동안 한 나라에서 생산된 모든 생산물의 부가가치라고 설명할 수 있습니다.

2 다음 문장을 읽고 괄호 안에 알맞은 단어를 골라 동그라미 치세요.

GDP는 보통 그 나라의 경제규모를 파악할 때 많이 사용되는데요. GDP가 클수록 나라에서 생산되는 (원자재, 부가가치)도 크기 때문이에요.

3 다음 중, GDP 순위 10위권 이내의 국가를 모두 고르세요. (   )

① 그리스
② 미국
③ 영국
④ 싱가포르

문해력 쑥쑥! 어휘사전

★ **국경** | 나라와 나라의 영역을 가르는 경계
★ **부가가치** | 생산 과정에서 새로 덧붙인 가치
★ **지표** | 방향이나 목적, 기준 따위를 나타내는 표지

나라 '국', 지경 '경'	가리킬 '지', 표할 '표'	붙을 '부', 더할 '가', 값 '가', 값 '치'
國境	指標	附加價値

💬 본문에 나온 한자어를 소리 내어 읽고 써보세요.

경제

경제 어려워도 명품 산다! '베블런 효과'

> **개념 쏙쏙!** **베블런 효과(Veblen Effect)**
> 가격이 오르는 데도 일부 계층의 과시욕*이나 허영심* 등으로 인해 수요가 줄어들지 않는 현상을 말해요.

"이왕이면 명품 살래!"

한 시장조사 전문 기업이 전국의 19~59세 성인남녀 1,000명을 대상으로 '명품 소비에 대한 인식'을 조사했는데요. 답변자 중 41%가 '이왕이면 명품 브랜드 제품을 구매하겠다.'고 답했고, 31.1%가 '내가 명품 제품을 사용하는 것을 다른 사람이 알아주면 좋겠다.'고 응답했어요. 가격이 비싸더라도 명품을 사고, 이를 통해 자기 과시를 하고 싶은 소비자의 심리가 반영된 결과였죠.

자기 과시의 욕구 '베블런 효과'

이러한 소비 심리를 '베블런 효과'라고 해요. 이는 미국의 사회학자이자 경제학자인 소스타인 베블런(Thorstein Bunde Veblen)이 쓴 〈유한계급론〉(1899)이라는 책에서 유래된 것으로, 베블런은 그의 저서에서 '상류층* 신사들은 자신의 사회적 지위를 드러내려고 값비싼 물건을 구매한다.'라고 주장했습니다.

▲다양한 종류의 명품 브랜드 쇼핑백
[출처=grmdaily.com]

그의 주장은 120여 년이 지난 지금, 사람들이 명품을 구매하는 이유와도 연결됩니다. 일반인이 사기 어려운 값비싼 상품을 구매해 자신의 재산과 지위를 드러내고 싶어 하는 상류층으로서의 명확한 욕구가 바로 그것이죠.

베블런 효과는 우리에게 소비가 단순히 '필요'에 의해서만 이루어지지 않는다는 점을 시사하고 있어요. 가끔은 자신을 위해 값비싼 구매를 하는 것도 좋지만, 현명한 소비자가 되기 위해서는 그런 소비 패턴이 습관화되면 안 되겠죠?

기사를 읽고 퀴즈를 풀어보세요!

1 다음에 설명하는 문장의 답을 찾아, 낱말 퀴즈를 풀어보세요.

- 가로 - ① 가격이 오르는 데도 일부 계층의 과시욕이나 허영심 등으로 인해 수요가 줄어들지 않는 현상 (5자)
  ③ 개인이나 집단이 자원을 소비하는 방식과 양상 (4자)

- 세로 - ② 자랑하거나 뽐내어 보이고 싶은 욕심 (3자)
  ④ 재화를 소비하는 사람 (3자)

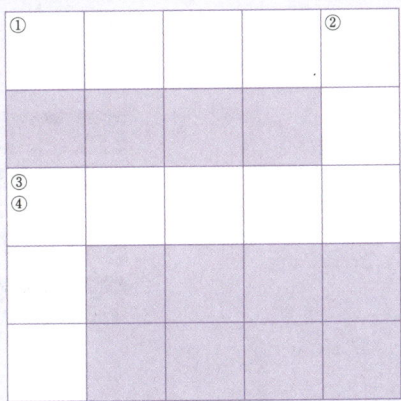

2 다음 문장을 읽고 괄호 안에 알맞은 단어를 골라 동그라미 치세요.

베블런 효과는 일반인이 사기 어려운 값비싼 상품을 구매해 자신의 (외모와 나이, 재산과 지위)를 드러내고 싶어 하는 상류층으로서의 욕구라고 볼 수 있습니다.

문해력 쑥쑥! 어휘사전

★ **과시욕** | 자랑하거나 뽐내어 보이고 싶은 욕심

★ **허영심** | 자기 분수에 넘치고 실속이 없어 겉모습 뿐인 허영에 들뜬 마음

★ **상류층** | 신분이나 생활수준 따위가 높은 계층

자랑할 '과', 보일 '시', 욕심 '욕'	빌 '허', 영화 '영', 마음 '심'	윗 '상', 흐를 '류', 층 '층'
誇示慾	虛榮心	上流層

💬 본문에 나온 한자어를 소리 내어 읽고 써보세요.

경제

'음료수 용량'의 비밀

개념 쏙쏙! **착시 효과**
시각적인 착각을 일으킬 때 나타나는 효과를 말해요.

12㎝ 캔 음료가 인기 있는 이유!

마트나 편의점의 음료수 진열장을 보면, 대부분의 캔 음료의 크기가 비슷비슷하다는 것을 알 수 있어요. 전 세계적으로 가장 많이 사용되는 캔 음료의 크기는 높이 12㎝, 지름 6.5㎝로 일명 '12㎝ 음료'로도 불리죠.

그런데 의아한 점이 있어요. 음료수 캔의 높이를 12㎝ 보다 낮게 만들고, 너비를 조금 넓힌다면 포장재*사용량을 줄일 수 있음에도 불구하고, 그렇게 하지 않는다는 거예요. 높이를 7.8㎝로 줄이고 지름을 7.6㎝로 늘리면, 현재 생산되는 캔과 같은 양의 내용물을 담으면서도 포장재의 양을 30%나 줄일 수 있는데 말이죠. 그 이유는 12㎝ 음료가 '착시 효과'를 누릴 수 있는 최적의 디자인이기 때문입니다.

"날씬한 캔 음료가 더 많아 보여"

여러분, 두 개의 막대 중 어느 것이 더 길어 보이나요? 대부분은 "세로 막대가 더 길어 보인다."라고 대답할 거예요. 그런데 사실 두 개의 막대 길이는 같아요. 착시 효과로 인해 세로 막대가 가로 막대보다 상대적으로 길어 보이는 것뿐이죠.

이처럼, 세로로 날씬한 12㎝ 캔 음료는 가로로 뚱뚱한 캔 음료보다 좀 더 용량*이 많게 느껴지기 때문에, 소비자들의 선택을 더 많이 받을 수 있는 거예요.

음료수 용량의 비밀을 알고 나니, 진열된 캔 음료들이 조금 다르게 보이지 않나요?

기사를 읽고 퀴즈를 풀어보세요!

1 빈칸에 알맞은 단어를 채워 문장을 완성해 보세요.

착시 효과란, ☐☐☐ 인 ☐☐ 을 일으킬 때 나타나는 효과를 말해요.

2 다음 내용을 읽고 맞으면 O, 틀리면 X를 표기하세요.

- 전 세계적으로 가장 많이 사용되는 캔 음료의 크기는 높이 12㎝, 지름 6.5㎝입니다. (　　)
- 12㎝ 음료가 가장 많은 이유는 '거품 효과'를 누릴 수 있는 최적의 디자인이기 때문입니다. (　　)

3 다음 문장을 읽고 괄호 안에 알맞은 단어를 골라 동그라미 치세요.

세로로 날씬한 12㎝ 캔 음료는 가로로 뚱뚱한 캔 음료보다 좀 더 (용량, 거품)이 많게 느껴지기 때문에, 소비자들의 선택을 더 많이 받게 됩니다.

문해력 쑥쑥! 어휘사전

★ **포장재** | 공업 제품이나 농산물 따위를 포장하는 데 쓰는 재료

★ **용량** | 용기 안에 들어갈 수 있는 물건의 분량

✏️ 본문에 나온 한자어 '용량'을 활용한 예문을 작성해 보세요.

예시　용량(容量: 얼굴 '용', 헤아릴 '량')
"물통의 **용량**이 좀 더 컸으면 좋겠어!"

> 경제

'리볼빙'이 뭐예요?

> **개념 쏙쏙!** **리볼빙(Revolving)**
> 신용카드 이용 금액의 일정 비율만 갚으면 나머지 금액은 다음 결제 대상으로 연장해, 연체*자로 분류하지 않고 계속해서 카드를 사용할 수 있도록 하는 제도를 말해요.

리볼빙은 '숙제 미루기'와 같아!

신용카드를 사용했는데, 돈이 부족해서 전액을 갚을 수 없다면 어떻게 될까요? 카드 값을 내지 못하면 '신용'을 잃게 되고, 결국에는 금융 활동이 매우 어려워지게 돼요. 이런 상황을 막을 수 있는 대안으로 신용카드사가 추천하는 제도가 '리볼빙'입니다. 이 제도를 쉽게 설명하면 '숙제 미루기'와도 같아요. 오늘 해야 할 숙제를 내일로, 내일 해야 할 숙제를 모레로 미루는 것이라고 보면 되는데요. 고객이 이번 달에 갚아야 할 돈 가운데 일부 금액만 결제하고, 나머지 금액은 다음 달로 미뤄서 내게 하는 신용카드사의 서비스죠.

물론, 공짜는 아니에요. 카드사는 돈을 갚는 날짜를 미뤄주는 대신, 상당히 높은 수수료를 받아가거든요. 뒤로 미루는 금액이 많을수록, 횟수가 반복될수록, 신용도가 낮을수록 카드사가 가져가는 수수료도 더 커지게 됩니다.

제대로 알아야 '늪'을 피할 수 있어!

처음에는 돈을 갚아야 하는 부담이 줄고, 당장 신용불량*이 되는 것도 피할 수 있겠지만, 멀리 보면 언젠가는 내가 쓴 만큼 돈을 내야 하고, 수수료까지 지불해야 하니 결국에는 훨씬 많은 돈을 지출하게 돼요. 많은 사람들이 리볼빙제도를 '늪'에 비유하는 이유가 바로 이것입니다.

최근 스마트폰 앱 사용이 보편화되면서 예전보다 리볼빙 서비스를 훨씬 쉽고 간편하게 이용할 수 있게 됐어요. 그로 인해 경제 지식이나 경험이 부족한 청년 소비자층의 이용 횟수가 늘고 있죠.

여러분이 성인이 돼서 리볼빙의 늪에 빠지지 않기 위해서는 서비스가 가진 장단점을 파악해 현명하게 관리해야 해요. '숙제를 하지 않고 미루는 것'과 '리볼빙 제도를 남용*했을 때'의 결과를 비교하면서 현명한 금융생활을 하길 바랍니다.

기사를 읽고 퀴즈를 풀어보세요!

1 빈칸에 알맞은 단어를 채워 문장을 완성해 보세요.

신용카드 이용 금액의 일정 비율만 갚으면 나머지 금액은 다음 결제 대상으로 연장해, 연체자로 분류하지 않고 계속해서 카드를 사용할 수 있도록 하는 제도를 ☐☐ 이라고 합니다.

2 기사에서 리볼빙을 무엇에 비유했나요?

_____

3 다음 중, 리볼빙과 관련된 설명으로 틀린 것은 무엇인가요? ( )

① 리볼빙을 이용하는 것은 공짜다.
② 리볼빙을 활용하면 돈을 갚아야하는 부담이 줄지만, 결과적으로 훨씬 많은 돈을 쓰게 된다.
③ 예전에 비해 리볼빙 서비스를 훨씬 쉽고 간편하게 이용할 수 있게 됐다.
④ 현명한 금융생활을 위해서는 리볼빙 제도가 가진 장단점을 잘 비교하면서 사용해야 한다.

문해력 쑥쑥! 어휘사전

★ **연체** | 이행해야 할 채무나 납세 따위를 정해진 기한이 지나도록 이행하지 못함

★ **남용** | 정해진 규정이나 기준을 넘어서 함부로 사용하는 것

★ **신용불량** | 대출금이나 신용 카드 이용 대금 따위를 장기간 갚지 못해 신용 상태가 나쁨

끌 '연', 막힐 '체'	믿을 '신', 쓸 '용', 아니 '불', 좋을 '량'	넘칠 '남', 쓸 '용'
延滯	信用不良	濫用

💬 본문에 나온 한자어를 소리 내어 읽고 써보세요.

경제

경제는 '엘니뇨'를 싫어해!

> **개념 쏙쏙!** 　**슈퍼 엘니뇨(Super El Nino)**
> 열대 동태평양 적도 부근 해수면의 온도가 평년보다 2.0℃ 이상 높은 상태가 5개월 이상 지속되는 현상을 말해요.

슈퍼 엘니뇨가 몰려온다!

올해도 우리나라에 '슈퍼 엘니뇨' 현상이 나타날 것으로 예상되고 있어요. 엘니뇨는 열대 동태평양 해수면 온도가 평년보다 0.5℃ 이상 높은 상태가 5개월 넘게 유지되는 현상을 말하는데요. 1.5℃ 이상 상승하면 강한 엘니뇨, 2℃ 이상 상승하면 슈퍼 엘니뇨라고 부르죠.

슈퍼 엘니뇨는 고온 건조, 폭우 등의 이상기후를 동반해요. 또한 해수면의 온도 상승으로 바다에서 발생하는 수증기량이 증가하면서 거대한 태풍을 만들어 내기도 하고요. 그 외에도 고온 현상으로 인한 전염병이 발생하기도 하고, 북반구에는 한파*나 대설*이 나타나기도 합니다.

막대한 경제적 손실 부담돼!

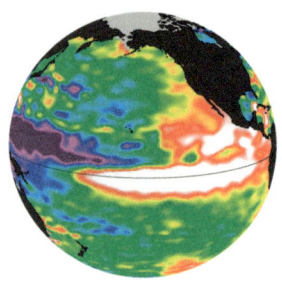
▲남미와 북미 열대 해안의 흰색 부분은 따뜻한 물이 있는 곳을 나타낸다

이러한 슈퍼 엘니뇨의 여파는 경제에 많은 부담을 줘요. 우선, 전기료 폭탄을 맞게 됩니다. 지속적인 폭염 현상으로 에어컨이나 선풍기 등의 냉방 기기 사용량이 증가하기 때문인데요. 여름철엔 전기 요금이 더욱 인상되는 만큼, 비용 부담이 커질 수밖에 없죠.

둘째, 인플레이션*이 나타나요. 기온이 오르고, 가뭄이 계속되면 커피와 설탕 가격도 상승하게 돼요. 설탕 가격이 오르면서 과자, 빵, 아이스크림, 음료 등 설탕을 사용하는 제품의 가격이 줄줄이 오르는 '슈거플레이션(sugarflation)'이 현실화됩니다.

셋째, 경제적 손실이 발생해요. 미국 다트머스대학교 연구팀은 과거 엘니뇨의 영향으로 많은 경제적 손실이 발생했다고 분석했어요. 1982년부터 1983년 사이에 4조 1천억 달러, 1997년부터 1998년 사이에는 5조 7천억 달러의 손실을 본 것으로 나타났죠.

슈퍼 엘니뇨의 공습이 가져오는 경제적 손실이 큰 만큼, 대책 마련이 시급해 보입니다.

기사를 읽고 퀴즈를 풀어보세요!

1 다음 문장을 읽고 괄호 안에 알맞은 단어를 골라 동그라미 치세요.

슈퍼 엘니뇨란, 열대 동태평양 적도부근의 해수면 온도가 평년보다 (0.5℃ , 2.0℃) 이상 높은 상태가 5개월 이상 지속되는 현상을 말해요.

2 슈퍼 엘니뇨와 관련해 옳지 않은 것은 무엇인가요? (   )

① 슈퍼 엘니뇨는 고온건조, 폭우 등의 이상기후를 불러온다.
② 슈퍼 엘니뇨로 북반구에 한파나 대설이 발생하기도 한다.
③ 슈퍼 엘니뇨는 디플레이션(Deflation)을 발생시킨다.
④ 슈퍼 엘니뇨는 경제적 손실을 불러온다.

3 빈칸에 알맞은 단어를 채워 문장을 완성해 보세요.

슈퍼 엘니뇨의 여파로 인해 설탕 가격이 오르면서 과자, 빵, 아이스크림, 음료 등 설탕을 사용하는 제품의 가격도 줄줄이 오르는 '☐☐☐☐☐'이 발생합니다.

문해력 쑥쑥! 어휘사전

★ **한파** | 겨울철에 기온이 갑자기 내려가는 현상
★ **대설** | 아주 많이 오는 눈
★ **인플레이션** | (Inflation) 화폐 가치가 떨어져 물가가 일정 기간 지속적으로 올라가는 현상

✎ 본문에 나온 한자어 '한파'를 활용한 예문을 작성해 보세요.

예시 한파(寒波: 찰 '한', 물결 '파')
며칠째 이어진 **한파**로 인해 전국이 꽁꽁 얼어붙었다.

경제

한 우물 파야 성공한다? 아니요!

> **개념 쏙쏙!** **빅블러(Big Blur)**
> 디지털 경제로의 전환이 가속화되면서 산업 간 경계가 모호★해지는 현상을 말해요.

산업의 경계가 사라진다!

'테슬라' 하면 떠오르는 것! 바로 '전기 자동차'인데요. 전기차 부문 1위 기업인 테슬라는 사업 분야를 넓혀 AI(인공지능)용 슈퍼컴퓨터 '도조'를 개발해 자율주행 기술 개발에 적극적으로 나서고 있어요.

이처럼 한 분야의 산업에 종사하는 기업이 다른 산업 분야로 진출하며 산업 간의 경계가 모호해지는 현상을 '빅블러'라고 합니다. '크다'는 뜻의 빅(big)과 '흐릿해진다'라는 뜻의 블러(Blur)가 합쳐진 말로, 쉽게 설명하면, 기업이 주 업종 외에 다른 산업과 결합해 경쟁력을 갖추려고 하는 현상을 뜻하죠.

빅블러 시대, 대표 기업들

빅블러 시대를 이끄는 또 다른 대표 기업으로 '스타벅스'를 꼽을 수 있습니다. 스타벅스는 자체 앱을 이용해 메뉴를 원격 주문하고, 결제도 할 수 있는 '사이렌 오더' 서비스를 운영하고 있어요.

해당 서비스는 금액을 미리 충전한 뒤 이용할 수 있는데요. 이렇게 누적된 선불★ 충전금만 우리나라 기준 약 3천억 원 규모, 전 세계적으로는 2조 4천억 원이 넘어요. 이는 미국 중소은행의 보유금★과 비슷한 수준이라고 합니다.

또 우리나라 대표 이커머스 기업으로 알려진 '쿠팡'은 유통업 외에도 음식 배달 앱 서비스와 OTT★ 사업에 진출하면서 성공을 거두고 있어요.

검색포털사이트인 '네이버'는 네이버 쇼핑을 통해 유통업으로 발을 넓히는 한편, 네이버페이를 출시하면서 금융권에도 활발히 투자하고 있죠.

첨단 기술이 진화하고 발전할수록 빅블러 현상은 더욱더 가속화될 것으로 보입니다.

기사를 읽고 퀴즈를 풀어보세요!

1 다음에 설명하는 문장의 답을 찾아, 낱말 퀴즈를 풀어보세요.

- 가로 - ① 전기를 동력원으로 삼아 운행하는 자동차 (5자)
  ③ '초록창'으로 알려진 대한민국의 포털사이트 (3자)
  ⑤ '별다방'으로 불리는 세계에서 가장 큰 다국적 커피 전문점 (4자)

- 세로 - ② 축전지나 축전기에 전기 에너지를 축적하는 일 (2자)
  ④ 컴퓨터 통신이나 인터넷을 이용해서 온라인으로 이루어지는 전자 상거래 (4자)
  ⑥ 운전자가 직접 운전하지 않고, 차량 스스로 도로에서 달리게 하는 일 (4자)

문해력 쑥쑥! 어휘사전

★ **모호하다** | 분명하지 않고 흐리터분하다

★ **선불** | 물건값이나 삯을 미리 내거나 치름

★ **보유금** | 가지고 있거나 간직하고 있는 금액

★ **OTT** | (Over The Top) 기존 통신 및 방송 사가 아닌 새로운 사업자가 인터넷으로 드라마나 영화 등 다양한 미디어 콘텐츠를 제공하는 서비스

✏️ 본문에 나온 한자어 '선불'을 활용한 예문을 작성해 보세요.

예시 선불(先拂: 먼저 '선', 떨칠 '불')
사장님께 부탁드려 알바비를 **선불**로 받았다.

사회문화

> 사회문화

"취업 말고, 알바만 할래요"

> **개념 쏙쏙!** 프리터족
>
> 특정한 직업 없이 갖가지 아르바이트로 생활하는 젊은 층을 일컫는 말로, 1990년대 초반 일본에서 생겨난 신조어예요.

'프리터족'을 꿈꾸는 청년들

한 구인·구직 플랫폼*이 한국 청년층을 대상으로 진행한 설문조사에서 응답자의 71%가 '프리터족을 긍정적으로 생각한다.'고 답했고, 51.5%는 '프리터족이 될 의향이 있다.'고 답했어요.

'프리(Free)'와 '아르바이트(Arbeit)'의 합성어인 프리터족은 일본에서 처음 만들어진 말이에요. 아르바이트만으로 생활을 이어가는 젊은 층을 뜻하죠.

프리터족의 탄생에는 이유가 있어요!

프리터족이 생겨난 이유는 크게 두 가지로, '자발적* 프리터족'과, '비자발적* 프리터족'으로 구분할 수 있어요.

자발적 프리터족은 1인 가구가 늘면서 '일'에 대한 가치관이 변화한 데서 비롯됐어요. 부양* 할 가족이 없는 1인 가구는 자신에게 필요한 최소한의 비용만 벌고, 나머지 시간은 좋아하는 일이나 자기 계발에 사용해요. 내가 원하는 시간대에 원하는 만큼 일하고, 남은 시간은 자신을 위해 보낼 수 있는 '워라밸*'을 중요시하게 된 거예요.

비자발적 프리터족은 오랜 기간 이어진 경기 불황으로 2030세대가 심각한 취업난을 겪으면서 나타나기 시작했어요. 미래의 불확실한 취업을 준비하는 것보다, 당장 오늘의 생활을 유지하기 위해 아르바이트를 선택한 거죠.

프리터족은 20~30대에만 국한되지 않아요. 은퇴를 마주하게 된 중장년층이 새로운 수입원을 찾고, 생계를 유지하기 위해 비자발적 프리터족의 길을 걷게 되는 경우도 있거든요.

과거와 달리, 최근에는 프리터족을 긍정적으로 보는 분위기가 형성되고 있어요. 이에 대해 전문가들은 '평생직장이라는 의미가 사라지면서 사람들의 인식도 변화했기 때문'으로 분석하고 있습니다.

기사를 읽고 퀴즈를 풀어보세요!

1 빈칸에 알맞은 단어를 채워 문장을 완성해 보세요.

☐☐☐☐☐ 은 '프리(Free)'와 '아르바이트(Arbeit)'의 합성어로, ☐☐☐☐☐ 만으로 생활을 이어가는 젊은층을 뜻하는 말이에요.

2 다음 내용을 읽고 맞으면 O, 틀리면 X를 표기하세요.
- 프리터족이란 말은 일본에서 처음 만들어진 신조어예요. (   )
- 자발적 프리터족은 2인 가구가 늘면서 '일'에 대한 가치관이 변화한데서 비롯됐어요. (   )
- 비자발적 프리터족은 오랜 경기 불황으로 2030세대가 심각한 취업난을 겪으면서 나타나기 시작했어요. (   )

3 다음 문장을 읽고 괄호 안에 알맞은 단어를 골라 동그라미 치세요.

최근에는 프리터족을 긍정적으로 보는 분위기가 형성되고 있는데요. 이에 대해 전문가들은 (정규직, 평생직장)이라는 의미가 사라지면서 사람들의 인식도 변화했기 때문으로 분석하고 있습니다.

문해력 쑥쑥! 어휘사전

★ **플랫폼** | (platform) 특정 장치나 시스템 등에서 이를 구성하는 기초가 되는 틀 또는 골격

★ **자발적** | 남이 시키거나 요청하지 않아도 자기 스스로 나아가 행하는 것

★ **비자발적** | 남이 시키거나 요청하지 않으면 자기 스스로 나아가 행하지 않는 또는 그런 것

★ **부양** | 생활 능력이 없는 사람의 생활을 돌봄

★ **워라밸** | 워크라이프 밸런스(work-life balance)를 줄여 이르는 말로, 일과 개인의 삶 사이의 균형을 이르는 말

스스로 '자', 필 '발', 과녁 '적'	아닐 '비', 스스로 '자', 필 '발', 과녁 '적'	도울 '부', 기를 '양'
自發的	非自發的	扶養

💬 본문에 나온 한자어를 소리 내어 읽고 써보세요.

사회문화

프랑스, 11세 미만 초등학생 '핸드폰 금지'

개념 쏙쏙! 미디어 노출

미디어 노출은 어린이들이 TV, 컴퓨터, 스마트폰 등의 디지털 기기를 통해 다양한 콘텐츠를 접하는 것을 의미해요. 미디어는 어린이들에게 긍정적인 영향을 주기도 하지만, 과도할 경우 정신적, 신체적, 사회적, 교육적으로 부정적인 영향을 줄 수도 있어요.

어릴 때부터 핸드폰 많이 한다면?

프랑스 정부가 어린이의 핸드폰 사용을 제한하거나 아예 금지하는 방안을 고민 중이에요.
2024년 프랑스 정부는 신경학자, 정신과 의사 등으로 구성된 10명의 과학자들에게 '초등학생의 스마트폰 사용'에 관한 연구를 맡겼어요. 이후 연구팀은 '핸드폰 사용이 어린 학생들에게 큰 악영향을 줄 수 있다'라는 내용의 보고서를 제출했습니다.
 학생들이 어린 나이부터 스마트폰과 인터넷을 통해 미디어에 과하게 노출되고 있으며, 핸드폰 때문에 어린이와 부모님 사이의 유대감*이 약해지고, 정신적·생리적* 발달이 저해*될 수 있다고 판단했죠.

"핸드폰 사용은 11세부터 하게 해야"

 더불어 연구팀은 "법과 규제로 어린이를 플랫폼과 미디어로부터 보호해야 한다"라고 결론 내렸어요. 그러면서 다음과 같은 규제 방안을 제시했어요.
 우선 3살 미만 아이의 경우 TV를 포함한 영상 시청을 전면 금지하고, 3~6살이 되면 어른이 동반했을 때만 '교육적인' 영상을 볼 수 있도록 해야 한다고 했어요. 특히 핸드폰 사용은 11살이 돼야 할 수 있고, 핸드폰을 통한 인터넷 접속은 13살부터 해야 한다고 강조했습니다.
 또 '윤리적'인 소셜미디어(SNS) 사용은 15세부터 허용하되, 틱톡이나 인스타그램, 스냅챗 등 '비윤리적'인 SNS는 18세부터 이용하게 해야 한다고 주장했어요. 초등학교에서는 어린이들에게 태블릿 PC를 지급해서도 안 된다고 했죠.
 과연 프랑스 정부는 초등학생의 스마트폰 전면 금지 정책을 시행하게 될까요?

➕ 생각 더하기

지난해 한국언론진흥재단에서 실시한 '어린이 미디어 이용 조사'에 따르면, 대한민국 초등학생의 하루 평균 핸드폰 사용 시간은 1시간에서 1시간 30분 정도라고 해요.

스마트폰을 쓰면 부모님이나 친구랑 쉽게 연락할 수 있고, 사진이나 동영상, 궁금한 점을 쉽게 찾아볼 수 있지만, 긴 시간 게임을 하거나, 할 일을 미루고 계속 스마트폰을 보는 것은 안 좋은 습관이에요.

그렇다고 해서 국가가 개인의 스마트폰 사용을 금지하는 게 맞을까요? 아니면 어린이가 스스로 선택할 수 있도록 자유롭게 허용해야 할까요?

기사를 읽고 퀴즈를 풀어보세요!

1 기사를 읽은 후, 알 수 있는 내용으로 옳은 것을 무엇인가요? (   )

① 프랑스 정부는 11세 이상 초등학생에게 스마트폰을 금지시켰다.
② 프랑스 정부는 13세 아이에게 모든 SNS 활동을 허락했다.
③ 핸드폰 때문에 어린이와 부모님 사이의 유대감이 약해질 수 있다.
④ 연구팀은, 인스타그램은 15세부터 접속할 수 있게 허락해야 한다고 주장했다.

문해력 쑥쑥! 어휘사전

★ **유대감** | 서로 밀접하게 연결되어 있는 공통된 느낌

★ **저해** | 막아서 못 하도록 해침

★ **생리적** | 신체의 조직이나 기능에 관련되는 것

✏️ **본문에 나온 한자어 '유대감'을 활용한 예문을 작성해 보세요.**

> **예시** 유대감(紐帶感: 맺을 '유', 띠 '대', 느낄 '감')
> 서로의 비밀을 나누면서 우리는 더 강한 **유대감**을 갖게 됐다.

사회문화

탄광 속, 카나리아의 경고!

> **개념 쏙쏙!** **탄광의 카나리아(Canary in a Coal Mine)**
> 위기를 사전에 경고해 주는 신호를 뜻하는 말로, 과거 광부들이 탄광의 유해가스를 감지하기 위해 카나리아를 들고 탄광에 내려간 것에서 유래됐어요.

카나리아의 위험한 임무

아프리카 서북쪽 카나리아 제도가 원산지인 노란 깃털을 가진 작은 새 '카나리아.' 17세기 스페인의 선원들이 유럽으로 들여오면서 애완동물로 키워졌어요. 그런데 이 사랑스러운 카나리아가 한때 위험한 임무를 수행하는 용도로 사용됐다고 하는데요. 대체 무슨 일일까요?

생명과 맞바꾼 경고의 시그널

▲광산 가스 감지용 도구로 사용된 카나리아
[출처=idealog.co.nz]

산업 혁명은 연료로 쓰이는 석탄의 수요를 급격히 증가시켰어요. 세계 각지에 석탄을 채굴*하는 광산이 만들어졌지만, 그 환경은 정말 열악했죠. 광산 붕괴 위험뿐만 아니라, 일산화탄소와 같은 유독가스로 인한 질식* 문제가 특히 심각했는데요. 일산화탄소는 색도, 냄새도 없기 때문에, 광부들은 질식 사고에 그대로 노출될 수밖에 없었습니다.

이 같은 문제를 해결하기 위해 1895년, 영국의 과학자 '존 스콧 홀데인'이 한 가지 대안을 내놓았어요. '작은 온혈 동물*은 호흡과 대사 활동이 빨라, 사람이 다치기 전에 유독가스 여부를 알 수 있다'는 내용이었죠.

처음에는 쥐를 사용했어요. 그런데 얼마 지나지 않아, 카나리아가 그 자리를 대신하게 됐어요. 쥐보다 민감해 중독 증상을 쉽게 알아차린다는 이유에서였습니다.

카나리아는 영국뿐만 아니라 미국, 캐나다에서도 '광산 가스 감지용'으로 활용됐는데요. 전자 센서*가 그 역할을 대신할 때까지 약 90여 년간 힘겨운 임무를 수행해야 했죠.

다가올 위험을 미리 알려주는 신호를 뜻하는 용어 '탄광의 카나리아.' 그 배경에는 카나리아의 가슴 아픈 희생이 있었다는 사실을 기억해야겠습니다.

기사를 읽고 퀴즈를 풀어보세요!

1 다음 문장을 읽고 괄호 안에 알맞은 단어를 골라 동그라미 치세요.

탄광의 카나리아란? 위기를 사전에 (숨겨주는, 경고해 주는) 신호를 뜻하는 말로, 과거 (광부, 어부)들이 탄광의 유해가스를 감지하기 위해 카나리아를 들고 탄광에 내려간 것에서 유래됐어요.

2 다음 중, 단어의 연결이 서로 어울리지 않는 것은 (   )

① 석탄 – 탄광
② 산소 – 유독가스
③ 영국의 과학자 – 존 스콧 홀데인
④ 온혈동물 – 카나리아

3 빈칸에 알맞은 단어를 채워 문장을 완성해 보세요.

카나리아는 1986년 12월 30일까지 90여 년간 광산 가스 감지용 도구로 활용되다가 ☐☐로 대체되면서 임무를 끝마치게 됐습니다.

문해력 쑥쑥! 어휘사전

★ **채굴** | 땅을 파고 땅속에 묻혀 있는 광물 따위를 캐냄

★ **질식** | 숨통이 막히거나 산소가 부족하여 숨을 쉴 수 없게 됨

★ **온혈 동물** | 조류나 포유류처럼 바깥 온도에 관계없이 체온을 항상 일정하고 따뜻하게 유지하는 동물

★ **센서** | (Sensor) 소리, 빛, 온도, 압력 등에 민감하게 반응하는 소자

캘 '채', 팔 '굴'	막힐 '질', 쉴 '식'	따뜻할 '온', 피 '혈', 움직일 '동', 물건 '물'
採掘	窒息	溫血動物

💬 본문에 나온 한자어를 소리 내어 읽고 써보세요.

사회문화

병원 대기시간, 돈으로 구매하는 '똑닥'

개념 쏙쏙! **똑닥**
병원을 방문하지 않고도 스마트폰으로 간편하게 접수 및 예약을 할 수 있는 의료 서비스 앱이에요.

방문·대기 없는 '의료 서비스'의 등장!

병원을 찾았는데, 나보다 늦게 온 사람이 먼저 진료를 받아요. 바로 '똑닥' 서비스 때문인데요. 똑닥이란? 스마트폰으로 간편하게 병원 접수와 예약을 할 수 있는 의료 서비스 앱이에요. 병원에 직접 방문하지 않아도 진료 예약을 할 수 있고, 진료 당일에도 병원에서 기다릴 필요 없이 예약 시간에 맞춰 오면 되기 때문에 매우 편리하죠.

▲병원 예약 서비스 어플리케이션 '똑닥'
[출처=ddocdoc.com]

민간 플랫폼 업체가 출시한 이 앱은 초기에는 병원 검색 서비스와 건강 정보만 제공했어요. 그러다 병원 예약 서비스를 도입하면서 이용자가 폭발적으로 증가했는데요. 지금은 누적* 이용자 수가 1천만 명, 연계된 병원만 1만여 곳에 달한다고 해요.

의료 불평등 불러온 '똑닥'이 야속해!

그런데 2023년 9월부터 똑닥의 병원 예약 서비스가 유료화됐어요. 업체는 계속되는 적자를 막기 위해서라고 밝혔는데요. 이용료는 월 1천 원으로, 큰 금액은 아니지만, 유료화 직후부터 지금까지도 논란이 이어지고 있어요. 똑닥이 사람의 생명과 직결* 된 '의료' 분야의 서비스이기 때문입니다.
앱 사용에 익숙하지 않은 노년층이나 외국인, 장애인은 병원을 직접 방문해 진료 접수를 해요. 월 1천 원의 이용료조차 부담되는 저소득층도 마찬가지고요. 이들은 아무리 일찍 병원을 찾아도 기나긴 대기 시간을 피할 수 없어요. 심지어 똑닥 이용자가 많아지면서 아예 현장 접수를 받지 않고 똑닥 예약 환자만 진료하는 병원도 생기는 바람에, 의료 불평등 현상이 더욱 심해지고 있는 상황이죠.
앱 이용자가 많아질수록 비 이용자의 불편은 훨씬 늘어날 것으로 예상되는 만큼, 앞으로 똑닥을 둘러싼 논란은 계속될 것으로 보입니다.

기사를 읽고 퀴즈를 풀어보세요!

1 다음에 설명하는 문장의 답을 찾아, 낱말 퀴즈를 풀어보세요.

- 가로 - ① 의술로 병을 고침. 또는 그런 일 (2자)
  ③ 영아와 유아를 아울러 이르는 말 (3자)
  ⑤ 지출이 수입보다 많아서 생기는 결손액 (2자)

- 세로 - ② 의사가 환자를 진찰하고 치료하는 일 (2자)
  ④ 돈을 내지 않고 사용하던 시설 따위를 요금을 내고 사용하게 됨 (3자)
  ⑥ 병들거나 다쳐서 치료를 받아야 할 사람 (2자)

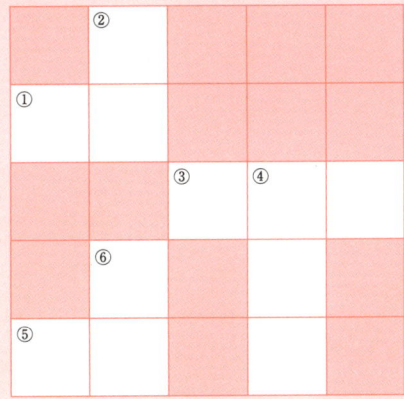

2 기사를 읽고 빈칸에 알맞은 말을 써 넣어 보세요.

'똑닥' 앱은 사람의 ☐☐ 과 직결된 의료분야 서비스를 제공해요. 하지만 이용하는 사람이 많아질수록 ☐☐☐☐ 현상이 더욱 심해져 문제가 되고 있습니다.

문해력 쑥쑥! 어휘사전

★ **누적** | 포개어 여러 번 쌓음. 또는 포개져 여러 번 쌓임
★ **직결** | 직접적으로 연결되다

✏️ 본문에 나온 한자어 '누적'을 활용한 예문을 작성해 보세요.

예시 누적(累積: 묶을 '누', 쌓을 '적')
요즘 피로가 **누적**된 것 같아!

사회문화

다디달고 다디단
'할머니 간식'이 좋아!

개념 쏙쏙! **할매니얼**

할머니의 사투리인 '할매'와 '밀레니얼'의 합성어로, 할머니, 할아버지 세대가 좋아하던 옛날 먹거리나, 소품을 재연출해 즐기는 젊은 세대를 말해요.

촌스러운 할머니 간식이 뜬다!

다디달고 다디달고 다디단 밤양갱~♪ 지난 2월 발매 직후, 음원차트를 휩쓸었던 비비의 '밤양갱' 한 번쯤은 들어봤을 거예요. 그런데 이 노래 덕분에 양갱 판매량이 40% 이상 폭발적으로 증가하는 효과를 얻게 됐다고 합니다. 할머니 세대에 유행하던 간식이 음악의 힘을 등에 업고, 젊은 세대들의 입맛까지 사로잡은 결과인데요.

복고*와 전통을 현대적으로 재해석한 '뉴트로' 열풍*에 이어, 할매와 밀레니얼을 합친 신조어 '할매니얼'이 제2의 전성기*를 맞게 된 거죠.

양갱 이전에 인기를 끌었던 대표적인 할매니얼 먹거리로 약과, 흑임자, 누룽지 등을 꼽을 수 있어요. 그중에서도 쫀득하고 달콤한 약과가 지금까지도 꾸준한 사랑을 받고 있어요. 그런가 하면, 최근 '비락 식혜 제로'가 할매니얼 열풍 속에 출시 50일 만에 판매량 300만 개를 달성하기도 했습니다.

MZ 세대 사로잡은 할머니 패션

간식 외에도 옛날 스타일의 패턴과 컬러를 새롭게 활용한 '그래니 룩(Granny Look)'이 MZ 세대들에게 사랑받고 있어요. 퀼팅 재킷, 꽃무늬 원피스, 니트 카디건 등과 같은 포근하면서 온기가 느껴지는 옛날 의상들을 자신만의 패션으로 소화하면서 하나의 패션 아이템으로 완성한 결과물이죠.

기사를 읽고 퀴즈를 풀어보세요!

1 빈칸에 알맞은 단어를 채워 문장을 완성해 보세요

☐☐☐☐ 은 할머니의 사투리인 ☐☐ 와 ☐☐☐☐ 의 합성어로, 할머니, 할아버지 세대가 좋아하던 옛날 먹거리나, 소품을 재연출해 즐기는 젊은 세대를 말해요.

2 다음 문장을 읽고 괄호 안에 알맞은 단어를 골라 동그라미 치세요

대표적인 할매니얼 먹거리로 쫀득하고 달콤한 맛이 일품인 (마카롱, 약과)를 꼽을 수 있어요.

3 할매니얼 열풍에 힘입어 최근 판매가 급증한 제품은 무엇인가요?

문해력 쑥쑥! 어휘사전

★ **복고** | 과거의 모양, 정치, 사상, 제도, 풍습 따위로 돌아감

★ **열풍** | 매우 세차게 일어나는 기운이나 기세를 비유적으로 이르는 말

★ **전성기** | 형세나 세력 따위가 한창 왕성한 시기

회복할 '복', 옛 '고'	매울 '열', 바람 '풍'	온전할 '전', 성할 '성', 기약할 '기'
復古	烈風	全盛期

💬 본문에 나온 한자어를 소리 내어 읽고 써보세요.

사회문화

예수를 원숭이로 만든 '엉터리 복원'

개념 쏙쏙! 복원

무엇을 원래 상태로 다시 되돌리는 것. 주로 문화재를 수리할 때 사용되는 용어예요.

최악의 미술복원 대참사

복원은 소중한 문화유산을 미래로 전하기 위해 꼭 필요한 과정이에요. 만일 복원이 잘못되면 문화유산은 고유의 가치를 잃어버리고, 미래 세대는 본래 모습을 영영 모르게 될 수도 있죠.

여기, 역대 최악의 복원 참사로 알려진 사건이 있습니다. 스페인의 '보르하'라는 작은 마을을 발칵 뒤집은 '에케 호모(Ecce homo)'라는 벽화에 관한 이야기인데요. 마을 성당 기둥에 그려진 가로 50㎝, 세로 40㎝ 크기의 이 벽화는 19세기 화가 '엘리아스 가르시아 마르티네스'가 가시관을 쓴 예수의 모습을 그린 작품이에요.

▲복원 전(좌), 복원 후(우) 그림
[출처=wikipedia.org]

마을의 자랑거리였던 벽화는 시간이 흐르면서 습기로 인해 작품의 일부가 심하게 벗겨졌고, 고심 끝에 성당의 신부는 아마추어* 화가인 세실리아 히메네스에게 복원작업을 맡겼습니다. 본래 벽화를 복원하는 데는 전문적인 기술과 지식, 그리고 오랜 연구가 필요하지만 히메네스에겐 그런 능력이 없었어요.

예상대로 결과는 대참사*였습니다. 복원 후 완성된 예수의 모습이 마치 원숭이 얼굴처럼 우스꽝스럽게 변형돼버린 거예요. 이를 본 사람들은 그림에 '원숭이 예수'라는 별명을 붙이며 조롱했고, 미술계는 물론, 종교인 등 관계자들도 크게 분노했습니다.

조롱이 기적으로 … 핫플*된 마을

모두가 낙담*하던 순간, 기적과도 같은 일이 일어났어요. 복원 참사에 관한 사연이 세상에 알려지자, '독특한 복원 실패 그림'을 보려고 마을로 관광객이 모여들기 시작한 거예요. 조용하던 시골 마을은 어느새 사람들로 북적였고, 덕분에 마을과 성당은 지역의 유명 관광명소가 됐답니다. 복원에 실패한 작품이 마을을 살린 이 사건, 여러분은 어떻게 생각하나요?

기사를 읽고 퀴즈를 풀어보세요!

1 빈칸에 알맞은 단어를 채워 문장을 완성해 보세요.

복원이란, 무엇을 원래 상태로 다시 되돌리는 것. 주로 ☐☐를 수리할 때 사용되는 용어입니다.

2 다음 내용을 읽고 맞으면 O, 틀리면 X를 표기하세요.

- 복원이 잘못되면 문화유산은 고유의 가치를 잃어버릴 수 있어요. (   )
- 복원에 실패한 '에케 호모'라는 이름의 벽화는 세상에서 완전히 사라졌어요. (   )

3 '원숭이 예수' 사태처럼 복원에 실패한 그림의 사례를 조사해 적어보세요.

_____
_____

문해력 쑥쑥! 어휘사전

★ **아마추어** | 예술이나 스포츠, 기술 따위를 취미로 삼아 즐겨 하는 사람

★ **대참사** | 비참하고 끔찍한 일을 강조해 이르는 말

★ **핫플** | 핫 플레이스(Hot Place)의 줄임말. 사람들이 많이 모이는 장소를 뜻한다

★ **낙담** | 바라던 일이 뜻대로 되지 않아 마음이 몹시 상함

✏️ 본문에 나온 한자어 '낙담'을 활용한 예문을 작성해보세요.

> **예시**   낙담(落膽: 떨어질 '낙', 쓸개 '담')
> 대학 불합격 소식에 크게 **낙담**했다.

_____
_____

> 사회문화

국경의 벽 낮춘 '유럽의 약속'

> **개념 쏙쏙!** 솅겐 조약(Schengen Agreement)
> 유럽 각국이 공통의 출입국 관리 정책을 사용해 국경 시스템을 최소화함으로써, 국가 간의 통행에 제한이 없게 한다는 내용을 담은 조약*이에요.

지역을 옮길 때마다 비자가 필요하다면?

▲솅겐 가입국인 독일과 오스트리아의 국경에는 '여기서부터 독일 영토'라는 내용의 간판만 있다
[출처=wikipedia.org]

우리는 마음만 먹으면 다른 지역에 있는 맛집을 언제든지 찾아갈 수 있어요. 비록 시간과 비용은 들겠지만, 비자나 통행증 같은 서류를 준비할 필요는 없죠. 모두 같은 나라, 대한민국의 행정구역이니까요.

유럽의 경우는 어떨까요? 수많은 나라가 국경을 맞대고 있는 유럽은 길로는 이어져 있어도, 자유롭게 통행하기는 어려웠어요. 국경을 넘을 때마다 증빙* 서류를 제출하고, 여러 가지 검사를 받으면서 복잡한 절차를 거쳐야 했거든요.

우리나라로 치면 경기도, 강원특별자치도, 경상북도, 세종특별자치시, 대전광역시 등과 같은 지역의 경계를 지나갈 때마다 출입국 심사를 거쳐야 하는 상황과 같은 거죠.

유럽을 하나로 이어준 '솅겐 조약'

이런 불편한 상황을 해결한 것이 바로 '솅겐조약'이에요. 유럽의 국제적 영향력을 키우려는 다양한 시도가 한창이던 1985년, 프랑스, 네덜란드, 벨기에, 룩셈부르크, 서독(독일) 다섯 나라가 상호 간에 국경을 개방한다는 조약이었죠.

솅겐조약의 편리함과 가능성을 인식한 유럽연합은 1997년 EU 법에 솅겐조약을 포함시켰고, 유럽 29개 국가가 이를 적용했어요. 그렇게 유럽 국가들이 국경 통과 절차를 면제함에 따라, 사람과 물자가 땅, 바다, 하늘 어디든 자유롭게 오가게 됐어요.

오늘날 솅겐조약은 유럽이 하나의 나라처럼 뭉쳐 활동하기 위해 꼭 필요한, 유럽연합의 주춧돌* 역할을 하고 있습니다.

기사를 읽고 퀴즈를 풀어보세요!

1 빈칸에 알맞은 단어를 채워 문장을 완성해 보세요.

유럽 각각이 공통의 출입국 관리 정책을 사용해 국경 시스템을 최소화함으로써, 국가 간의 통행에 제한이 없게 한다는 내용을 담은 조약을 ☐☐☐☐ 이라고 합니다.

2 다음 내용을 읽고 맞으면 O, 틀리면 X를 표기하세요.

- 과거, 유럽은 국경을 넘을 때마다 증빙 서류를 제출하고, 여러 가지 검사를 받는 등의 복잡한 절차를 거쳐야 했어요. ( )
- 유럽연합은 1997년 EU 법에 솅겐조약을 포함시켰고, 유럽의 19개 국가가 이를 적용했어요. ( )

3 다음 중 1985년에 솅겐조약에 가입하지 않은 국가를 고르세요. ( )

① 프랑스
② 네덜란드
③ 벨기에
④ 루마니아

문해력 쑥쑥! 어휘사전

★ **조약** | 국제법의 주체, 즉 국가 간의 문서에 의한 명시적 합의

★ **주춧돌** | 기둥 밑에 기초로 받쳐 놓은 돌

★ **증빙** | 신빙성 있는 증거로 삼음. 또는 그 증거

✏️ 본문에 나온 한자어 '증빙'을 활용한 예문을 작성해 보세요.

예시 증빙(證憑: 증거 '증', 기댈 '빙')
시청에서 발급한 **증빙** 서류가 필요했다.

사회문화

"둥근 라면, 넌 어디서 왔니?"

개념 쏙쏙! 둥근 라면

1982년, 농심이 동그란 냄비 모양에 맞춰 개발한 둥근 형태의 라면을 말해요.

동그란 냄비에 네모난 라면이 웬 말!

꼬불꼬불 꼬불꼬불 맛 좋은 라면~♪ 365일 아무 때나 먹어도 맛있는 라면은 그 종류만도 50여 가지가 넘는데요. 한 가지 궁금한 점이 있어요. 면 모양이 네모인 것도 있고 둥근 것도 있는데, 모양을 다르게 만든 특별한 이유라도 있는 걸까요?

그 이유를 알려면 라면의 역사부터 알아볼 필요가 있어요. 라면은 1958년에 일본에서 탄생했어요. 우리나라에서는 그로부터 5년이 지난 1963년부터 만들기 시작했죠.

처음에는 일본 방식을 그대로 따라 해, 네모난 포장지에 네모난 라면을 넣어 팔았어요. 그런데 한 가지 불편한 점이 있었어요. 가정에서 사용하는 냄비는 동그란데, 라면 모양은 네모이니 잘 맞지 않았던 거예요.

돈 드는 둥근 라면, 바꾸기 부담스러워~

이런 불편함을 해소하기 위해 1982년, 라면회사 '농심'이 편의에 맞춘 둥근 라면을 만들어 시장에 내놓았고, 2009년에 관련 특허*까지 받았어요.

그런데 웬일인지 다른 라면 회사들은 조리*하기 편리한 둥근 라면을 바로 따라 하지 않았어요. 그 이유는 비용 부담 때문이었습니다. 그동안 만들어왔던 네모 모양의 라면을 둥글게 바꾸려면 공장 시설을 전부 새로 교체해야 했거든요. 지금까지도 네모난 라면과 둥근 라면이 공존하는 이유가 바로 이 때문이죠.

둥근 라면과 관련된 웃지 못할 일도 있었어요. 둥근 라면이 출시되자, 사람들은 익숙하지 않은 모양새에 편리함보다 의구심*을 가졌는데요. 네모난 모서리를 둥글게 깎아내 양을 줄였다는 소문까지 돌았어요. 시간이 흐르면서 오해는 풀렸지만, 기능이나 효율 외에도 사람의 심리 또한 마케팅에 중요한 영향을 미친다는 것을 일깨워 준 귀중한 사례로 남게 됐답니다.

기사를 읽고 퀴즈를 풀어보세요!

1 빈칸에 알맞은 단어를 채워 문장을 완성해 보세요.

라면은 1958년에 [　　]에서 탄생했어요. 우리나라에서는 [　　　]년부터 만들기 시작했죠.

2 다음 내용을 읽고 맞으면 O, 틀리면 X를 표기하세요.
- 처음 둥근 모양의 라면을 만든 회사는 '삼양'이에요. (　　)
- 여러 회사들이 둥근 모양의 라면을 따라하지 않은 건, 비용 문제 때문이었어요. (　　)

3 시중에 판매되는 라면 중, 면 모양이 둥근 제품의 이름을 찾아 적어보세요.

문해력 쑥쑥! 어휘사전

★ **특허** | 새로 발명한 것에 대한 여러 권리를 독점할 수 있는 권리

★ **의구심** | 의심하고 두려워하는 마음

★ **조리** | 여러 가지 재료를 잘 맞추어 음식을 만듦

특별할 '특', 허락할 '허'	고를 '조', 다스릴 '리'	의심할 '의', 두려워할 '구', 마음 '심'
特許	調理	疑懼心

💬 본문에 나온 한자어를 소리 내어 읽고 써보세요.

사회문화

화장품 동물실험 STOP!

> **개념 쏙쏙!** **동물실험**
> 사람이 사용하는 의약품이나 화장품이 안전하고, 효과가 있는지 알아보기 위해 동물을 대상으로 진행하는 실험을 말해요.

동물실험, 꼭 필요할까?

'크루얼티 프리(Cruelty Free)'라는 단어를 들어 본 적 있나요? 화장품과 패션업계에서 주로 사용되는 표현으로, '동물실험을 하지 않은, 동물성 원재료를 사용하지 않은 제품과 서비스'를 가리키는 말입니다. 동물실험의 필요성에 대한 의문이 제기되면서 등장한 용어죠.

동물실험은 화장품뿐만 아니라 의약품, 농약, 식품 등 일상생활에서 사람이 사용하는 다양한 제품의 개발과정에서 이루어지는데요. 실험에 가장 많이 사용되는 동물은 쥐, 개, 고양이, 토끼 등 그 종류도 다양합니다.

동물실험 찬성자들은 사람의 몸에 직접 바르는 화장품이 인체에 해가 없는지를 검증*하는 일은 꼭 필요하다고 말해요. 반대자들은 실험 과정에서 동물들이 심한 고통을 느끼는 만큼, 명백한 동물 학대 행위고, 유용성*또한 의문이라고 반박하고 있죠.

찾아라! '폴짝 뛰는 토끼'

현재 전 세계 40개 이상의 국가들이 동물실험을 통해 생산되는 화장품의 판매를 법으로 금지하고 있어요. 하지만 정작 '윤리적 소비'를 하고 싶은 소비자들은 난감하기만 합니다. 동물실험을 거치지 않은 화장품을 사고 싶어도, 어느 제품이 해당되는지 파악하기 어렵기 때문이에요.

이럴 땐 '폴짝 뛰는 토끼'라는 뜻의 '리핑 버니(Leaping Bunny)'라는 인증 마크*를 찾아보세요. '해당 제품을 만드는 기업은 원료부터 완제품까지, 모든 생산 과정에 동물실험이 없다는 것'을 인증받은 국제 공용 인증 마크거든요.

이 마크가 찍힌 제품들은 가격이 비싼 경우가 많아요. 하지만 내 얼굴에 바르는 화장품 때문에 아무 잘못 없는 동물들이 고통받을 이유는 없어요. 우리의 작은 실천이 모이면, 언젠가는 이 세상에서 '동물실험'이란 말이 완전히 사라질 거예요.

기사를 읽고 퀴즈를 풀어보세요!

1 빈칸에 알맞은 단어를 채워 문장을 완성해 보세요.

사람이 사용하는 의약품이나 화장품이 안전한지, 효과가 있는지 알아보기 위해 동물을 대상으로 진행하는 실험을 ☐☐☐☐ 이라고 합니다.

2 다음 내용을 읽고 맞으면 O, 틀리면 X를 표기하세요.
- 동물실험은 화장품뿐만 아니라 의약품, 농약, 식품 등 사람이 사용하는 다양한 제품의 개발 과정에서 이루어져요. (　)
- 실험 과정에서 가장 많이 사용되고 있는 동물은 쥐, 개, 고양이, 토끼 등이에요. (　)

3 '폴짝 뛰는 토끼'라는 뜻의 리핑 버니(Leaping Bunny)는 어떤 의미를 가진 단어일까요? 본문을 참고해 답을 적어보세요.

문해력 쑥쑥! 어휘사전

★ **검증** | 검사해서 증명함

★ **유용성** | 쓸모가 있고 이용할 만한 특성

★ **인증 마크** | 정부 기관 따위가 품질이 우수한 제품을 대상으로 부여하는 마크

✏️ 본문에 나온 한자어 '검증'을 활용한 예문을 작성해 보세요.

　예시　**검증**(檢證: 검사할 '검', 증거 '증')
　　　이 약은 관련 기관의 **검증**을 받은 안전한 제품이다.

사회문화

세계는 지금, 군비 경쟁 중

개념 쏙쏙! 군비 경쟁

여러 국가들이 군사적 우위*를 차지하기 위해 군사비를 늘리는 현상을 말해요.

미국의 또 다른 이름 '천조국'

'천조국'이라는 단어를 들어본 적 있나요? 네티즌들이 미국을 가리켜 부르는 표현 중 하나인데요. '군대를 유지하거나 무기를 사는 데 사용하는 국방비가 1천조 원은 될 정도로 많다'는 뜻에서 나온 단어입니다. 그런데 실제로 지난해 확정된 2024년 미국의 국방 예산은 8,860억 달러로, 우리 돈 1,144조 7천억 원에 달하고 있죠.

2024년 우리나라의 예산안은 약 600조 원 규모로, 이 돈을 국방, 복지, 교육 등 다양한 분야에 나눠서 사용합니다. 그런데 미국은 우리나라 전체 예산의 거의 2배를 국방 분야에만 사용하는 거예요. 정말 어마어마하죠?

국제 갈등 속, 불붙은 '군비 경쟁'

사실, 미국이 국방비로 막대한 예산을 들인다는 건 썩 좋은 소식이 아니에요. 그만큼 세계 전역에서 전쟁의 위협이 커지고 있다는 뜻이기 때문입니다.

한 조사에 따르면 100개국 이상이 작년보다 국방비 지출을 더 늘린 것으로 파악됐는데요. 그 이유는 우크라이나-러시아 전쟁과 이스라엘-하마스의 전쟁, 중국의 대만 침공 가능성 등 국제 갈등이 지속되는 상황 속에서 군사력을 증강*하기 위해서예요.

이처럼 여러 국가가 군사적인 우위에 서기 위해 비용을 점점 더 많이 투자하는 현상을 '군비 경쟁'이라고 합니다.

▲2024년 미국의 국방 예산은 한화 1,144조 7천억 원에 달한다

세계 각국의 군비 경쟁 속에서 최근 중국이 새로운 천조국 후보로 떠올랐어요. 중국 정부가 발표한 국방 예산은 300조 원 규모이지만, 실제 국방비 규모가 거의 천조 원에 달할 것'이라는 분석이 보도되기도 했죠.

세계적인 군비 경쟁으로 많은 사람들이 전쟁의 확산을 우려하고 있어요. 하루빨리 세계 정세*가 안정되고, 평화와 화합의 시대가 찾아오길 바랍니다.

기사를 읽고 퀴즈를 풀어보세요!

1 다음에 설명하는 문장의 답을 찾아, 낱말 퀴즈를 풀어보세요.

- **가로** - ① 동부 유럽에 위치한 공화국. 러시아와 전쟁 중이다 (5자)
  ③ 국방 예산이 천조 원이라는 뜻으로, 미국을 달리 이르는 말 (3자)
  ⑤ 화목하게 어울림 (2자)

- **세로** - ② 아시아 서부 지중해 연안에 위치한 공화국. 수도는 예루살렘이다 (4자)
  ④ 국가가 외국의 침략에 대비태세를 갖추고 국토를 방위하는 데 쓰는 비용 (3자)
  ⑥ 전쟁, 분쟁 또는 일체의 갈등이 없이 평온함. 또는 그런 상태 (2자)

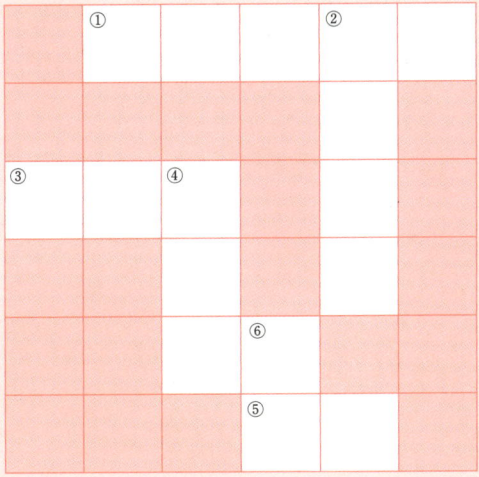

문해력 쑥쑥! 어휘사전

★ **우위** | 남보다 나은 위치나 수준

★ **정세** | 일이 되어 가는 형편

★ **증강** | 수나 양을 늘려 더 강하게 함

뛰어날 '우', 자리 '위'	더할 '증', 강할 '강'	뜻 '정', 정세 '세'
優位	增強	情勢

💬 본문에 나온 한자어를 소리 내어 읽고 써보세요.

환경

환경

친환경인 척,
'그린워싱 주의보'

개념 쏙쏙! **그린워싱(Greenwashing)**
실제로 환경을 위한 것이 아닌, 겉으로만 친환경 이미지를 갖기 위해 관련 활동을 하는 기업의 행동을 낮잡아 이르는 말이에요.

그린워싱이 뭐예요?

2024년 2월에 열린 '제17차 대한상의 ESG경영 포럼'에서 '순환경제'와 함께 '그린워싱'이 2024년 키워드로 선정됐어요.

그린워싱은 실제로는 친환경 제품이 아니거나, 오히려 환경에 해로운 제품을 친환경 제품인 것처럼 홍보하는 것을 말하는데요. 일명 '위장 환경주의'라고 표현하기도 합니다. 가격이 비싸도 친환경 제품을 찾는 소비자가 늘자, 그린워싱에 나선 비양심적인 기업들이 생겨나면서 이슈화되기 시작했죠.

"가짜를 잡아라!" 더 엄격해진 그린워싱 규제

2022년 미국의 대기업인 '월마트'와 '콜스'가 그린워싱 혐의로 각각 수백만 달러의 벌금을 부과*한 적이 있어요. 두 기업은 목재 부스러기의 섬유소를 재생시켜 만든 소재로 수건과 베개를 만든 뒤, '대나무 섬유를 이용해 친환경적인 공정으로 만든 제품'이라고 홍보했고, 이것이 그린워싱으로 문제가 됐습니다.

이러한 사례가 미국 전역으로 번지자, 그린워싱을 막기 위한 규제도 나날이 엄격해지고 있어요. 예를 들어, 미국 캘리포니아주는 2024년 1월부터 '자발적 탄소 시장공개법'을 시행하고 있어요. 이에 따라 친환경 제품을 판매하는 기업들은 1년에 한 번씩 관련 정보를 갱신*해야 하는데요. 그러지 못한 기업은 하루에 2천5백 달러씩, 최대 50만 달러(한화 약 6억 7천만 원)의 벌금을 부과해야 합니다.

기사를 읽고 퀴즈를 풀어보세요!

1 빈칸에 알맞은 단어를 채워 문장을 완성해 보세요.

그린워싱은 실제로는 친환경 제품이 아니거나 오히려 환경에 해로운 제품을 '친환경제품인 것처럼 홍보하는 것'으로, ☐☐ ☐☐☐☐ 라고 표현하기도 합니다.

2 다음 중, 그린워싱 사례로 맞는 것을 모두 고르세요. (   )

① 비용 절감을 위해 플라스틱 포장을 없앤 기업이 친환경적 행위라고 홍보하는 것
② 천연 섬유소로 만들어진 손잡이와 칫솔모 교체가 가능한 친환경 칫솔을 판매하는 것
③ 목재 부스러기의 섬유소를 재생시켜 만든 수건과 베개를 대나무 섬유로 만든 친환경 제품으로 속이는 것
④ 폐기된 어망을 재활용해서 만든 에코백을 판매하는 것

3 미국 캘리포니아주가 2024년 1월부터 시행하는 이 법의 이름은 무엇인가요?

친환경 제품을 판매하는 기업들은 1년에 한 번씩 관련 정보를 갱신해야 하고, 그러지 못한 기업은 하루에 2천5백 달러씩, 최대 50만 달러까지 벌금을 부과해야 한다.

(   )

문해력 쑥쑥! 어휘사전

★ **부과** | 세금이나 부담금 따위를 매겨 부담하게 함

★ **갱신** | 계약이나 서류의 유효 기간이 만료되었을 때, 그 기간을 연장함

✏️ 본문에 나온 한자어 '갱신'을 활용한 예문을 작성해 보세요.

예시 갱신(更新: 다시 '갱', 새 '신')
만료된 여권의 **갱신**을 위해 구청을 방문했다.

환경

비행기 타면, 지구는 열받아!

개념 쏙쏙! 지속가능 항공유

석탄이나 석유 대신 폐식용유, 사탕수수, 옥수수 등 친환경 재료로 만든 항공연료를 말해요.

화석연료 NO! 눈총 받는 비행기

우리는 살면서 버스, 기차, 비행기 등과 같은 다양한 교통수단을 이용해요. 이런 탈것들은 대부분 화석연료*로 움직이는데요. 문제는 화석연료의 사용은 많은 탄소 배출의 원인이 되고, 이는 지구 온난화와 기후변화를 불러온다는 점이에요.

사람 1명이 1㎞를 이동할 때 내뿜는 이산화탄소 배출량을 기준으로 살펴보면, 기차는 14g, 버스는 68g, 비행기는 무려 285g을 배출해요. 그런 이유로, 비행기는 '환경오염의 주범'이라는 눈총을 받고 있죠.

대안은 '친환경 항공유' 사용!

이런 문제를 해결하기 위한 대안으로 옥수수나 폐식용유 등의 친환경 원료로 만든 '지속가능 항공유(SAF: Sustainable Aviation Fuel)' 사용이 제시되고 있어요. 미국은 친환경 항공유 사용 시, 세금을 줄여주는 방안을 도입했고, 유럽연합은 2025년부터 모든 비행기에 친환경 항공유 비율을 2%로 확정하고, 2050년까지 70%로 확대하는 '친환경 항공유 의무화 법안'을 마련했어요. 국내 항공업계도 변화에 동참하고 있는데요. 대한항공은 국내 최초로 친환경 항공유를 주입한 화물 비행기 운항(인천-미국 로스앤젤레스)을 3개월간 시범운영*했습니다.

그런데 사실 항공사들은 친환경 항공유 도입을 망설이고 있는 상황이에요. 기존 항공유 대비 3배 정도 비싼 가격 때문이죠. 그렇다고 기후 위기로 고통받는 지구를 외면할 수는 없어요. 소중한 지구를 지키기 위해서라도 탄소 배출량을 줄일 수 있는 친환경 항공유 도입은 반드시 필요합니다.

기사를 읽고 퀴즈를 풀어보세요!

1 다음 문장을 읽고 괄호 안에 알맞은 단어를 골라 동그라미 치세요.

버스, 기차, 비행기 등과 같은 탈것들은 대부분 (화석연료, 재생연료)로 움직여요.

2 친환경 항공유 도입과 관련해 옳지 않은 것은 무엇인가요? (   )

① 미국은 친환경 항공유 사용 시, 세금을 줄여주는 방안을 도입하고 있다.
② 유럽연합은 '친환경 항공유 의무화 법안'을 마련했다.
③ 대한항공은 국내 최초로 친환경 항공유를 주입한 화물 비행기를 시범운항했다.
④ 항공사들은 친환경 항공유 도입을 적극적으로 찬성하고 있다.

3 빈칸에 알맞은 단어를 채워 문장을 완성해 보세요.

화석연료의 대안으로 폐식용유, 사탕수수, 옥수수 등의 친환경 원료로 만든 ☐☐☐ ☐☐☐ 사용이 제시되고 있습니다.

문해력 쑥쑥! 어휘사전

★ **화석연료** | 연료로서 사용할 수 있는 임의의 탄화수소를 포함한 물질

★ **시범운영** | 시설 따위를 정식으로 운영하기 전에 시험적으로 운영하는 일

될 '화', 돌 '석', 탈 '연', 헤아릴 '료'
化石燃料

보일 '시', 법 '범', 돌 '운', 경영할 '영'
示範運營

💬 본문에 나온 한자어를 소리 내어 읽고 써보세요.

77

> 환경

특별한 땅 '습지'를 지켜라!

개념 쏙쏙! **람사르 협약(Ramsar Convention)**
습지 보존과 지속 가능한 이용을 위한 최초의 국제 협약을 말해요.

쓸모 있는 환경자원 '습지'

▲국내 26번째 람사르 습지로 등록된 '무등산 평두메습지' [출처=me.go.kr]

습지는 일 년 중, 일정 기간 이상이 물에 잠긴 수분이 많은 땅을 말해요. 그런 이유로 오랫동안 '쓸모없는 땅'으로 불려왔습니다. 하지만 연구를 통해 습지가 수많은 동식물의 중요한 서식지이며, 오염물질 정화, 탄소 흡수 등과 같은 중요한 역할을 하는 '환경자원'이라는 사실이 알려지면서 습지에 대한 인식이 긍정적으로 바뀌어 갔죠.

안타깝게도 1960년대 이후부터 농경지 확장이나 갯벌 매립 등으로 습지가 서서히 소실*되면서, 전 세계 80% 이상의 습지가 사라지는 상황에 이르렀어요. 그로 인해 습지를 서식지로 삼는 물새의 수가 크게 감소하게 됐고, 습지에 관한 국제협약의 필요성이 대두*되기 시작했습니다.

우리나라에는 26곳의 '람사르 습지'가 있다!

1971년 2월 2일 이란의 람사르(Ramsar)에서 개최된 국제회의에서 습지 보존 협약에 대한 최종 합의가 이루어졌어요. 전 세계가 물새의 서식지인 습지를 보호하고 현명하게 사용하기 위해 체결한 이 협약의 정식 명칭은 '물새 서식지로서 중요한 습지 보호에 관한 협약'입니다. 다른 말로 '람사르 협약'이라고 하죠.

람사르 협약은 1975년 12월 21일에 발효*된 이후, 3년마다 총회가 열리고 있는데요. 2008년 경남 창원시에서 '제10차 람사르 협약 당사국 총회'를 개최한 바 있습니다.

강원도 인제군의 '대암산 용늪'을 시작으로 국내 람사르 습지로 등록된 곳은 총 26곳! 2024년 5월 13일, 26번째 등록지로 무등산국립공원 '평두메습지'가 선정되는 영광을 안았죠.

생태·사회·경제·문화적으로 큰 가치를 지니고 있는 습지를 지켜가기 위해선, 보다 체계적인 관리와 노력이 꾸준히 이어져야 할 거예요.

기사를 읽고 퀴즈를 풀어보세요!

1 다음 문장을 읽고 괄호 안에 알맞은 단어를 골라 동그라미 치세요.

'쓸모없는 땅'으로 불려왔던 습지는 여러 연구를 통해 동식물의 중요한 서식지이며, 오염물질 정화, 탄소 흡수 등과 같은 중요한 역할을 하는 (에너지자원, 환경자원)이라는 사실이 알려졌어요.

2 다음 중 '람사르 협약'과 관련된 내용을 읽고 맞으면 O, 틀리면 X를 표기하세요.

- 람사르 협약은 1975년 12월 21일에 발효돼 5년마다 총회가 열려요. (　　)
- 2008년 '제10차 람사르 협약 당사국 총회'가 경남 창원시에서 개최됐어요. (　　)

3 '대암산 용늪', '평두메습지' 외에 람사르 습지로 등록된 곳을 조사해 적어보세요.

문해력 쑥쑥! 어휘사전

★ **소실** | 관리나 보관을 잘하지 못해 무엇을 잃어버림

★ **발효** | 조약, 법, 공문서 따위의 효력이 나타남. 또는 그 효력을 나타냄.

★ **대두** | 머리를 쳐든다는 뜻으로, 어떤 세력이나 현상이 새롭게 나타남을 이르는 말

✏ 본문에 나온 한자어 '소실'을 활용한 예문을 작성해 보세요.

예시　소실(消失: 사라질 '소', 잃을 '실')
　　　　전쟁으로 인해 많은 문화재가 **소실**됐다.

> 환경

"물고기 살려~" 빈산소수괴의 습격!

> **개념 쏙쏙!** 빈산소수괴
> 바닷물에 녹아있는 산소 농도가 1ℓ당 3mg 이하인 '산소부족 물 덩어리'를 말해요.

여름바다의 불청객 '빈산소수괴'

 여름철 무더위가 찾아오고 수온이 오르면, 바다 주변에 등장하는 불청객*이 있습니다. 녀석의 정체는 바로 '빈산소수괴.' 바닷물에 녹아있는 산소 농도가 1ℓ당 3㎎ 이하인 '산소부족 물 덩어리'로 사실상 산소가 거의 없는 물이라고 할 수 있죠.
 빈산소수괴는 무더운 여름철인 6~8월에 걸쳐 규모가 확장되는 모양새를 보이는데요. 해양생물들에게 몹시 치명적이기 때문에 양식업*자들에게는 두려움의 대상입니다. 육안으로 구분되지 않아, 양식장이 빈산소수괴의 습격을 받게 되면 어패류의 대규모 폐사*를 피할 수 없죠.

수온이 높아지면 '산소부족 경보'가 뜬다!

 빈산소수괴의 주요 발생 원인은 '높은 수온'입니다. 양식업은 주로 바다가 잔잔한 만* 안에서 이뤄지는데, 이 구역은 물의 흐름이 원활하지 않은 편이에요. 이곳이 여름철 뜨거운 햇볕을 받아 수온이 올라가면서 물의 순환이 더욱 약해져 빈산소수괴가 생겨나게 되는 거죠.
 그밖에도 여름철 폭우로 인해 민물과 육상의 영양물질이 바다에 너무 많이 유입되는 것도 빈산소수괴가 만들어지는 원인으로 꼽힙니다.
 2024년 5월 23일, 남해안 진해만에서 올해 첫 빈산소수괴가 관측됨에 따라 국립수산과학원은 어민들에게 빈산소수괴 발생 상황에 관한 정보를 제공하는 등 피해 예방과 대응에 힘쓰고 있어요. 부디 올여름에는 수산업 시장에 빈산소수괴로 인한 큰 피해가 없길 바랍니다.

기사를 읽고 퀴즈를 풀어보세요!

1 다음에 설명하는 문장의 답을 찾아, 낱말 퀴즈를 풀어보세요.

- **가로** - ① 바닷물에 녹아있는 산소 농도가 1ℓ 당 3㎎ 이하인 산소부족 물 덩어리 (5자)
  ③ 경상남도 남쪽 끝과 거제도 사이에 있는 만. 우리나라 동남해 관문으로 진해항이 있다 (3자)
  ⑤ 물고기나 해조, 버섯 따위의 양식을 전문으로 하는 생산업 (3자)

- **세로** - ② 수산물의 어획, 양식, 제조, 가공 따위에 관한 산업 (3자)
  ④ 바다에 사는 생물. 어류, 조류, 패류 따위가 있다 (4자)
  ⑥ 물의 온도 (2자)

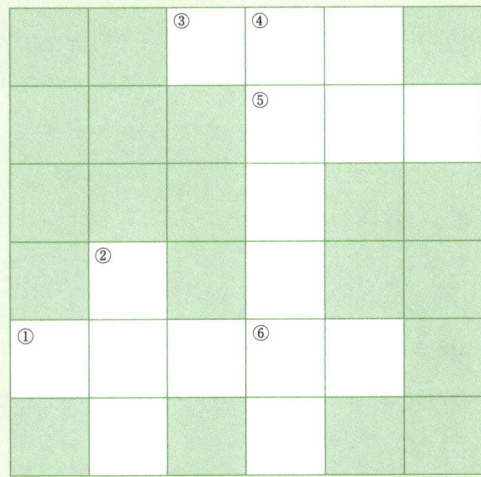

문해력 쑥쑥! 어휘사전

★ **불청객** | 오라고 청하지 않았는데도 스스로 찾아온 손님

★ **양식업** | 물고기나 해조, 버섯 따위의 양식을 전문으로 하는 생산업

★ **폐사** | 급격한 기온 변화나 병균 감염으로 짐승이나 어패류가 갑자기 죽음

★ **만** | 바다가 육지로 쑥 휘어져 들어간 곳

아니 '불', 청할 '청', 손 '객'	기를 '양', 불릴 '식', 업 '업'	물굽이 '만'
不請客	養殖業	灣

💬 본문에 나온 한자어를 소리 내어 읽고 써보세요.

환경

'빛 공해'로 잠 못 드는 도시

개념 쏙쏙! 빛 공해

인류 문명이 발생시키는 인공*적인 빛으로 인한 공해를 말해요.

"낮이야, 밤이야?" 생태계 방해꾼 '인공조명'

한밤에도 낮처럼 환한 빛을 비추는 화려한 조명들! 겉보기엔 아름답지만, 이 불빛들이 사람을 비롯한 동물들에게 큰 피로감과 고통을 준다는 사실을 알고 있나요? 인공조명에 의해 밤에도 낮처럼 밝은 상태가 유지되는 현상을 '빛 공해'라고 해요. 빛 공해는 주로 도시와 인구 밀집 지역에서 많이 나타나는데요. 사회가 발전할수록 빛 공해 문제는 심각해집니다.

한밤중, 가로등 불빛 아래로 수많은 곤충이 몰려드는 이유는 빛에 이끌리는 곤충의 습성 중 하나인 '주광성' 때문이에요. 곤충들이 인공조명을 자연의 빛으로 착각해서, 방향을 제대로 못 찾아 생기는 현상이죠.

인공조명은 새들에게도 영향을 미쳐요. 방향감각을 잃어버린 새는 서식지*를 찾기 어려워져 알의 부화나 사냥에 어려움을 겪어요. 비행 방향을 잃고 방황하다 건물에 부딪히기도 하고요. 심지어 불면증*에 시달리기도 합니다.

'빛 공해' 줄이는 방법은?

빛 공해를 줄이는 가장 간단한 실천 방법은 인공조명의 사용량을 줄이는 거예요. 되도록 필요한 경우에만 야간조명을 사용하고, 그 외에 불필요한 조명은 끄는 거죠.

밤에 꼭 불을 켜야 한다면, 밝기를 낮추거나 적색 조명을 사용하는 것도 도움이 돼요.

또 조명의 방향을 아래로 낮추거나, 조명 주변에 가림막을 설치해 빛이 새지 않도록 하는 것도 빛 공해를 줄이는 좋은 방법입니다.

현대 사회에서 빛 공해를 완전히 없앨 수는 없어요. 하지만 빛 공해가 생태계를 위협하는 도시 공해로 자리한 만큼, 보다 적극적인 고민과 대책 마련이 필요해 보입니다.

기사를 읽고 퀴즈를 풀어보세요!

1 빈칸에 알맞은 단어를 채워 문장을 완성해 보세요.

인류 문명이 발생시키는 인공적인 빛으로 인한 공해를 ☐☐ 라고 합니다.

2 다음 내용을 읽고 맞으면 O, 틀리면 X를 표기하세요.
- 빛 공해는 주로 농촌 지역에서 많이 발생합니다. (   )
- 가로등 불빛 아래로 수많은 곤충이 몰려드는 이유는 '주광성' 때문입니다. (   )

3 다음 중, 빛 공해를 줄이는 방법으로 바르지 않은 것은 무엇일까요? (   )

① 불필요한 조명은 끈다.
② 조명의 밝기를 낮추거나 적색 조명을 사용한다.
③ 조명의 방향을 위쪽으로 향하게 한다.
④ 조명 주변에 가림막을 설치한다.

문해력 쑥쑥! 어휘사전

★ **인공** | 자연 그대로의 사물에 사람의 손길이나 힘을 가해 바꾸어 놓는 일

★ **불면증** | 밤에 잠을 자지 못하는 증상

★ **서식지** | 생물 따위가 일정한 곳에 자리를 잡고 사는 곳

사람 '인', 장인 '공'	깃들일 '서', 쉴 '식', 땅 '지'	아니 '불', 잘 '면', 증세 '증'
人工	棲息地	不眠症

💬 본문에 나온 한자어를 소리 내어 읽고 써보세요.

환경

발자국 줄여서, 지구 지켜요!

> **개념 쏙쏙!**
>
> **탄소발자국(Carbon footprint)**
> 사람이 활동하거나 상품을 생산·소비하는 과정에서 직·간접적으로 발생하는 이산화탄소의 총량을 말해요.
>
> **물발자국(Water footprint)**
> 제품 및 서비스 생산 전 과정에서 직·간접적으로 사용되는 물의 총량을 말해요.

지구 온난화의 주범 '탄소발자국'

우리가 땅을 걸으면 발자국이 남듯, 일상에서 하는 모든 행동은 지구에 발자국을 남겨요. 바로 '탄소발자국'입니다. 개인이나 단체 등이 직·간접적으로 발생시키는 온실기체*의 총량을 뜻하는 탄소발자국은 인간이 지구 환경에 미치는 영향을 좀 더 알기 쉽게 파악하기 위한 환경보호의 수단으로 활용돼요.

탄소발자국의 무게 단위는 kg(킬로그램)이에요. 제품을 만들고 유통하는 과정에서 몇 kg의 탄소가 배출됐는지 알려주기도 하고, 그만큼의 이산화탄소를 흡수하기 위해 필요한 나무의 수를 제시하기도 하죠. 우리나라는 2009년부터 '환경성적표지 인증제도'를 통해 탄소 배출량을 제품에 표기해 소비자에게 제공하고 있답니다.

지구 갈증 부추기는 '물발자국'

물은 사람이 살아가는 데 꼭 필요한 자원이에요. 그런데 기후변화나 도시화 등으로 물 부족 사태가 심화될 것이 우려되자, 물 사용의 효율성을 평가하고 관리할 수 있는 수단이 필요해졌어요. 그래서 만든 것이 물발자국입니다.

물발자국이란, 상품을 만들고, 유통하고, 사용하고, 폐기하는 모든 과정에서 사용되는 물의 총량을 말해요. 단위는 ℓ(리터)로, 커피는 132ℓ, 우유는 250ℓ, 계란은 196ℓ, 햄버거는 2,400ℓ의 물발자국을 남깁니다. 옷도 많은 물발자국을 남기는 상품 중 하나예요. 수많은 공정*이 필요한 청바지를 만들려면 무려 1만 2,000ℓ의 물이 사용되죠.

물발자국 수치가 높을수록 물의 사용량이 많음을 뜻하는 만큼, 물건을 구입할 때도 가능한 물발자국의 ℓ 값이 낮은 상품을 선택하는 것, 잊지 마세요!

기사를 읽고 퀴즈를 풀어보세요!

1 다음 문장을 읽고 괄호 안에 알맞은 단어를 골라 동그라미 치세요.

탄소발자국이란, 사람이 활동하거나 상품을 생산하고 소비하는 과정에서 직·간접적으로 발생하는 (산소, 이산화탄소)의 총량을 말해요.

2 빈칸에 알맞은 단어를 채워 문장을 완성해 보세요.

우리나라는 2009년부터 '☐☐☐☐☐☐ 인증제도'를 통해 탄소 배출량을 제품에 표기해 소비자에게 제공하고 있습니다.

3 다음 중, 물발자국과 관련한 내용으로 옳은 것을 고르세요. (　　)

① 물발자국의 단위는 ㎏이다.
② 옷은 비교적 소량의 물발자국을 남긴다.
③ 상품을 고를 때, 물발자국 수치가 높은 것을 선택하는 것이 좋다.
④ 햄버거는 2,400 ℓ 의 물발자국을 남긴다.

문해력 쑥쑥! 어휘사전

★ **온실기체** | 태양열이 지표면에서 반사돼 지구 밖으로 빠져나가는 것을 막는 역할을 하는 기체

★ **공정** | 한 제품이 완성되기까지 거쳐야 하는 하나하나의 작업 단계

✏️ 본문에 나온 한자어 '공정'을 활용한 예문을 작성해 보세요.

예시 공정(工程: 장인 '공', 한도 '정')
생산품의 불량률을 낮추기 위해 모든 **공정**이 자동화됐어요.

> 환경

줄일수록 행복해지는 '제로웨이스트'

> **개념 쏙쏙!** 제로웨이스트(Zero Waste)
> 쓰레기 배출을 '0(제로)'에 가깝게 최소화하자는 것으로, 모든 제품이 재사용될 수 있도록 폐기물*을 방지하는 데 초점을 둔 원칙을 말해요.

"제로만이 살길이다"

우리가 흔히 사용하고 버리는 물건이 썩어 분해되기까지 걸리는 시간을 알고 있나요? 음료수 캔은 80~100년, 페트병은 450년, 비닐하우스나 고무대야를 만드는 데 쓰이는 폴리염화비닐(PVC)은 무려 1,000년이 걸린다고 해요.

쓰레기 문제로 인한 환경오염의 우려가 커지면서, '제로웨이스트'를 실천하는 소비자가 늘고 있어요. 제로웨이스트는 '쓰레기(Waste)'와 '0(Zero)'의 합성어예요. 쓰레기 발생을 최소한으로 줄이는 생활 습관을 만들자는 의미라고 볼 수 있죠. 생활 속에서 제로웨이스트를 실천하는 방법은 의외로 간단해요. 카페에서 음료를 포장할 때 일회용 컵 대신 텀블러를 사용하는 것, 장 보러 갈 때 비닐봉투 대신 장바구니를 준비하는 것, 포장 음식을 주문할 때 일회용기 대신 다회용기에 담아 가는 것 등이 그것입니다.

고민보다 Go!

제로웨이스트 문화가 제대로 자리 잡으면, 다양한 경제 효과를 기대할 수 있어요. 기업은 포장을 간단하게 바꾸거나 폐기물 처리를 줄이면서 비용을 절감할 수 있고, 소비자의 칭찬도 받게 돼요. 재활용 산업이 활성화되면, 원자재* 비용 절감도 기대할 수 있고요.

제로웨이스트에 정답은 없어요. 참여할지 말지를 고민할 시간에 당장 일회용품 줄이기부터 시작해보는 건 어떨까요?

기사를 읽고 퀴즈를 풀어보세요!

1 다음 문장을 읽고 괄호 안에 알맞은 단어를 골라 동그라미 치세요.

제로웨이스트란, 쓰레기 배출을 (0, 100)에 가깝게 최소화하자는 것으로, 모든 제품이 재사용될 수 있도록 폐기물을 방지하는 데 초점을 둔 원칙을 말해요.

2 제로웨이스트 실천으로 옳지 않은 것은 무엇인가요? (   )

① 카페에서 음료를 포장할 때 일회용 컵 대신 텀블러를 사용한다.
② 장보러 갈 때 비닐봉투 대신 장바구니를 준비한다.
③ 포장 음식을 주문할 때 일회용기 대신 다회용기에 담아간다.
④ 전자 우편물 대신, 종이 우편물을 받는다.

3 빈칸에 알맞은 단어를 채워 문장을 완성해 보세요.

재활용 산업이 활성화되면, 새로 재료를 사는 대신 재활용 재료를 사용하면서 ☐☐ 비용 절감도 기대할 수 있습니다.

문해력 쑥쑥! 어휘사전

★ **폐기물** | 못 쓰게 되어 버리는 물건   ★ **원자재** | 공업 생산의 원료가 되는 자재

버릴 '폐', 버릴 '기', 물건 '물'	근원 '원', 재물 '자', 재목 '재'
廢棄物	原資材

💬 본문에 나온 한자어를 소리 내어 읽고 써보세요.

> 환경

플라스틱의 역습!

> **개념 쏙쏙!** 플라스틱(Plastic)
> 열이나 압력을 가해 일정한 모양을 만들 수 있는 비금속 물질로, 잘 썩지 않고, 불에 태우면 환경호르몬을 발생시켜 환경오염의 주원인이 되기도 합니다.

만드는 시간 5초, 분해되는 시간 500년

플라스틱은 현대 사회에서 없어서는 안 될 존재예요. 가볍고, 경제적이고, 내구성*이 뛰어나며, 가공하기도 쉬워 다양한 용도로 사용되죠. 이러한 장점들로 인해 플라스틱 수요는 매년 증가하고 있습니다. 하지만 이런 뛰어난 내구성은 플라스틱의 가장 치명적인 단점이기도 해요. 웬만해선 썩지 않으니까요. 일회용 비닐봉지가 완전히 분해되는 데 걸리는 시간은 무려 500년 이상입니다. 게다가 불에 태우면 독성 물질이 나와 또 다른 환경오염을 유발하기도 합니다.

바다에 버려진 플라스틱은 해파리처럼 둥둥 떠다니다 이를 먹이로 착각한 해양 동물들의 뱃속으로 들어가요. 이들은 무심코 삼킨 플라스틱을 소화시키지 못하고 장이 막혀 결국 죽음에 이르게 되죠. UN이 발표한 자료에 의하면 연간 10만 마리의 바닷새, 해양 포유류, 바다거북 등이 해양 쓰레기로 인해 생존의 위협을 받거나 심각한 외상*을 입고 폐사한다고 합니다.

알고, 고민하고, 실천해요!

플라스틱으로 의한 환경오염 문제를 해결하는 근본적이 방법은 플라스틱 쓰레기를 만들지 않는 거예요. 하지만 그건 사실상 불가능에 가까워요. 대신 여러분이 알고 있는 가장 현실적인 방법들을 실천하며 플라스틱 사용량을 조금씩 줄여가 보세요.

최대한 일회용품을 멀리하고, 플라스틱 사용 후엔 올바른 분리배출이 이뤄지도록 해요. 또 환경문제에 주의를 기울이는 생산자를 찾아 선택하고, 정부가 환경 보호에 나서도록 적극적으로 요구하는 등의 노력을 해보는 거죠.

이런 노력들이 결코 쉬운 일은 아니에요. 하지만 우리가 살아갈 미래를 위해, 반드시 필요한 실천이라는 것을 잊지 않으면 해요.

기사를 읽고 퀴즈를 풀어보세요!

1 빈칸에 알맞은 단어를 채워 문장을 완성해 보세요.

☐☐☐☐ 은 열이나 압력을 가해 일정한 모양을 만들 수 있는 비금속 물질로, 잘 썩지 않고, 불에 태우면 ☐☐☐☐☐ 을 발생시켜 환경오염의 주원인이 되기도 합니다.

2 다음 중 플라스틱에 대한 설명으로 옳지 않은 것은 무엇인가요? ( )

① 불에 태우면 그대로 녹아 완전히 사라져요.
② 해양생물들이 플라스틱 조각을 먹고 폐사해요.
③ 경제적이고, 내구성이 뛰어나고, 가공하기 쉬워요.
④ 분해되기까지 500년 이상이 걸려요.

3 플라스틱 쓰레기를 줄이기 위해 우리가 할 수 있는 실천방법을 적어보세요.

문해력 쑥쑥! 어휘사전

★ **내구성** | 물질이 원래의 상태에서 변질되거나 변형됨이 없이 오래 견디는 성질

★ **외상** | 몸의 겉에 생긴 상처를 통틀어 이르는 말

✏️ 본문에 나온 한자어 '내구성'을 활용한 예문을 작성해 보세요.

예시 내구성(耐久性: 견딜 '내', 오랠 '구', 성품 '성')
물건을 고를 땐, 외형보다는 **내구성**을 따져봐야 한다.

환경

민물가마우지에게 '현상금' 걸린 사연은?

> **개념 쏙쏙!** **백화현상**
> 식물이 광합성을 하려면 반드시 엽록소라는 색소가 필요한데, 여러 가지 이유로 엽록소가 파괴되거나 부족해지면서 식물의 색깔이 하얗게 변하는 현상을 말해요.

철새로 변한 텃새, 민물가마우지

국제적으로 보호받는 새 '민물가마우지'는 원래 겨울철에만 우리나라를 찾는 철새였어요. 하지만 어느샌가 한국의 텃새*가 돼 있었죠. 기후변화의 영향으로 가마우지들이 우리나라에 하나둘씩 정착하기 시작하더니, 지금은 전국에 3만 마리가 넘게 살게 됐거든요.

백화현상으로 나무가 말라 죽어가요

▲민물가마우지
[출처=wikipedia.org]

그런데 터를 잡고 살아가는 민물가마우지의 수가 늘면서 문제가 생겼어요. 엄청난 양의 가마우지 배설물 때문에 서식지 근처에 있는 나무들이 말라죽기 시작한 거예요. 강한 산성을 띠는 배설물이 나무에 쌓이면서 '백화현상'을 확산시켰기 때문입니다.

"가마우지 좀 잡아주실 분?" 포상금까지 걸어

이런 문제를 해결하기 위해, 각 지역에서는 가마우지의 둥지를 없애거나, 고압수*로 나무를 세척하고, 서식지 근처에 경보기를 설치하는 등 가마우지 개체 수를 조절하기 위한 노력을 기울였어요.

그럼에도 문제는 해결되지 않았어요. 결국 2023년 말 민물가마우지는 유해* 야생동물로 지정돼, 총이나 그물로 포획할 수 있게 됐습니다. 가마우지 한 마리당 '포상금'까지 내걸고 적극적으로 잡으려는 지역도 많아졌죠. 과거에는 보호받던 새가 지금은 잡아야 할 골칫거리로 전락해 버린 현실이 안타깝네요.

기사를 읽고 퀴즈를 풀어보세요!

1 다음에 설명하는 문장의 답을 찾아, 낱말 퀴즈를 풀어보세요.

- **가로** - ① 생물이 빛을 이용해 양분을 스스로 만드는 과정. 물과 이산화탄소를 재료로 포도당과 산소를 생성한다 (3자)
  ③ 동물이 보금자리를 만들어 사는 장소 (3자)
  ⑤ 짐승이나 물고기를 잡음 (2자)

- **세로** - ② 산의 성질이 있어 염기에 수소이온을 잘 주는 성질. 한자로 '신맛이 난다'는 뜻을 갖고 있다 (2자)
  ④ 풀이나 나뭇가지 따위를 바구니처럼 엮어 만든 새의 보금자리 (2자)
  ⑥ 선행이나 업적을 격려하기 위해 주는 돈 (3자)

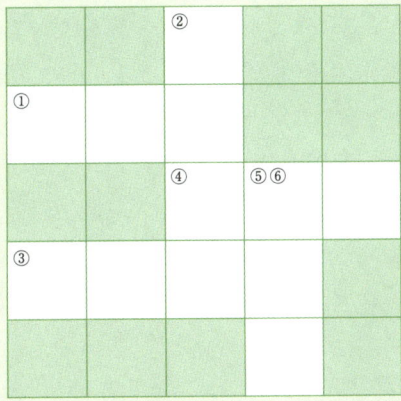

문해력 쑥쑥! 어휘사전

★ **텃새** | 시기에 따라 자리를 옮기지 않고 거의 한 지방에서만 사는 새. 참새, 까마귀, 꿩 따위가 있다.

★ **고압수** | 높은 압력으로 뿜어내는 물

★ **유해** | 해로움이 있음

✏️ 본문에 나온 한자어 '유해'를 활용한 예문을 작성해 보세요.

예시 유해(有害: 있을 '유', 해할 '해')
이 제품에서 **유해** 물질이 발견됐다.

> 환경

방치된 폐자전거, 환경오염 유발해!

> **개념 쏙쏙!** **폐자전거**
> 너무 낡거나 부서져서 더 이상 탈 수 없는 자전거를 말해요.

애물단지 된 '폐자전거'

 자전거는 인류가 발명한 가장 유용하고 대중적인 교통수단 중 하나예요. 운동, 여행, 출퇴근 등 다양한 목적으로 사용되는 자전거는 건강에도 좋고, 환경친화적이며, 자동차보다 경제적이죠.
 그런데 자전거에 장점만 있는 건 아니에요. 방치된 자전거는 주변에 복합적인 악영향을 줄 수 있기 때문인데요. 한 언론 보도에 따르면, 매년 3만 대 이상의 자전거가 도심에 방치되고, 한참의 시간이 흐른 뒤에야 폐기된다고 합니다.
 유행이 지나서, 수리비가 부담스러워서, 버릴 때 내야 하는 비용이 아까워서 등 온갖 이유로 버려지는 자전거들은 도시의 미관*을 해치고, 보행자나 자동차의 통행을 방해해 교통사고 위험을 키우는 애물단지로 전락하고 있죠.

자전거 방치하면 지구가 아파요!

▲방치된 자전거 [출처=wikipedia.org]

 또 하나의 문제는 방치된 자전거가 환경오염의 원인이 된다는 거예요. 오랜 시간 버려진 자전거는 부식*돼 녹이 슬게 되는데, 녹에서 나온 철분과 산화철이 토양을 오염시키고, 시간이 흐르면서 물로 오염이 확산됩니다.
 또 제때 수거되지 않고 방치된 자전거는 재활용이 어려워, 결국 고철*로 처리하거나 불태워서 폐기하는데요. 이 과정에서 일산화탄소, 염화수소, 질소산화물 등을 발생시켜 대기 오염을 유발하죠.
 자전거를 새로 만드는 과정에서 불필요한 탄소가 배출된다는 점도 문제예요. 자전거를 제대로 재활용했다면 발생하지 않았을 탄소를 배출하게 되는 셈이니까요.
 타인을 배려하는 올바른 시민의식과, 자전거의 합리적으로 구매와 사용 등을 통해 폐자전거 문제를 차근차근 풀어가 보면 어떨까요?

기사를 읽고 퀴즈를 풀어보세요!

1 빈칸에 알맞은 단어를 채워 문장을 완성해 보세요.

자전거는 건강에도 도움이 되고, 환경친화적이며, 자동차 등의 교통수단보다 ☐☐ 입니다.

2 방치된 폐자전거로 인해 발생하는 문제점을 모두 고르세요. (   )

① 도시의 미관을 해친다.
② 통행을 방해해 교통사고 위험을 키운다.
③ 토양의 질을 좋게 해준다.
④ 탄소배출을 막아준다.

3 다음 내용을 읽고 맞으면 O, 틀리면 X를 표기하세요.

- 매년 3만 대 이상의 자전거가 도심에 방치되고 있어요. (   )
- 자전거를 새로 만드는 과정에서도 불필요한 탄소가 배출돼요. (   )

문해력 쑥쑥! 어휘사전

★ **미관** | 아름답고 훌륭한 풍경

★ **고철** | 아주 낡고 오래된 쇠. 또는 그 조각

★ **부식** | 금속이 공기나 물 등의 화학 작용에 의해 삭아 가는 현상

아름다울 '미', 볼 '관'	썩을 '부', 좀먹을 '식'	옛 '고', 쇠 '철'
美觀	腐蝕	古鐵

💬 본문에 나온 한자어를 소리 내어 읽고 써보세요.

과학

과학

현실과 가상의 만남 '버추얼 휴먼'

> **개념 쏙쏙!** 버추얼 휴먼(Virtual Human)
> 소프트웨어로 만든 가상의 인물로. 가상 인간, 디지털 휴먼, 메타 휴먼, 사이버 휴먼 등 다양한 이름으로 불려요.

가상 인간이 뜬다!

과거에는 만화 속 2D★ 캐릭터가 인기를 얻었다면, 요즘에는 언제든지 소통할 수 있는 '버추얼 휴먼'이 새로운 트렌드로 떠오르고 있어요. '버추얼(Virtual, 가상의)'과 '휴먼(Human, 인간)'을 합친 말로, 소프트웨어를 이용해서 만든 가상의 인간이라는 뜻이죠.

버추얼 휴먼은 '캐릭터형'과 '실사형'으로 구분돼요. 캐릭터형은 애니메이션 그림체에 AI와 모션 캡처★ 기능을 활용해 자연스러운 움직임을 구현하는 형태이며, 실사형은 캐릭터형과 달리, 실제 사람과 흡사한 외모를 구현★하고 있어 뛰어난 기술력이 요구됩니다.

▲버추얼 걸그룹 '메이브'
[출처=mave-official.com]

버추얼 휴먼은 이미 우리 사회 곳곳에서 활발하게 활동 중인데요. 광고 모델, 가수, 배우, 인플루언서 등 주로 엔터테인먼트 분야에서 두각★을 나타내고 있어요. 넷마블에서 만든 실사형 버추얼 4인조 아이돌 그룹 '메이브(MAVE:)'와 16만 팔로워를 보유한 국내 최초 버추얼 인플루언서 '로지'등이 대표적인 버추얼 휴먼으로 꼽히죠.

버추얼 휴먼, 시장 전망은 맑음!

지금의 버추얼 휴먼은 사람의 목소리와 움직임에 가상의 모델만 덧씌운 형태가 대부분이지만, 머지않은 미래에는 사람의 개입 없이 활동하는 버추얼 휴먼이 등장할 것으로 예상됩니다.

전문가들은 오는 2030년까지 버추얼 휴먼의 시장 규모가 700조 원 수준까지 성장할 것으로 전망하고 있어요. 이에 따라 향후 버추얼 휴먼의 활용 분야도 훨씬 더 늘어날 것으로 보입니다.

기사를 읽고 퀴즈를 풀어보세요!

1 빈칸에 알맞은 단어를 채워 문장을 완성해 보세요.

□□□□ □□ 이란, '버추얼(Virtual)'과 '휴먼(Human)'을 합친 단어로, 소프트웨어를 이용해서 만든 □□ 의 인간이라는 뜻이에요.

2 다음 중 의미가 다른 한 가지를 고르세요. (   )

① 버추얼 휴먼
② 디지털 휴먼
③ 메타휴먼
④ 제너럴 휴먼

3 세계적으로 유명한 버추얼 휴먼의 이름과 간단한 활동내용을 조사해 적어보세요.

문해력 쑥쑥! 어휘사전

★ **2D** | (Two Dimensional Space) 평면으로 이루어진 2차원의 세계

★ **모션 캡처** | (Motion Capture) 몸에 센서를 부착시키거나, 적외선을 이용하는 등의 방법으로 인체의 움직임을 디지털 형태로 기록하는 작업

★ **구현** | 어떤 내용이 구체적인 사실로 나타나게 함

★ **두각** | 재능이나 학식, 기술 따위가 남보다 특히 뛰어남을 비유적으로 이르는 말

✏️ 본문에 나온 한자어 '구현'을 활용한 예문을 작성해 보세요.

[예시] **구현**(具現: 갖출 '구', 나타날 '현')
상상이 현실로 **구현**되는 마법을 보았다.

과학

2024년에는 더 똑똑해진 '생성형 AI' 활용해요!

> **개념 쏙쏙!** **생성*형 AI(Generative Artificial Intelligence)**
> 정보를 따라 하는 '모방'을 넘어, 스스로 '창작*'해 무언가를 생성할 수 있는 AI를 말해요. 기존의 정보와 비교하며 배우기 때문에 사람처럼 대화도 하고, 새로운 창작물을 탄생시킬 수도 있습니다.

지금은 'AI 대유행'의 시대!

2024년 1월, 미국에서 세계 최대 가전·정보기술(IT) 전시회 'CES 2024'가 열렸어요. 이 행사를 한마디로 정리하면, '놀라운 AI의 대유행'이라고 할 수 있는데요. 건강, 교육, 디지털 기기와 가전제품 등 우리 생활과 연관된 거의 모든 분야에서 인공지능 기술이 등장했기 때문이에요.

뒤이어 3월에 개최된 세계 최대 모바일 기기 전시회 'MWC 2024'에서도 AI는 핵심 주제였어요. 모바일 기기와 인공지능을 어떻게 연결할지, 여러 기업들의 다양한 발상*과 계획이 눈에 띄었죠.

'생성형 AI'를 어떻게 활용하면 좋을까?

AI 기술이 우리 생활과 더 가까워진 것은 2022년 11월 생성형 AI '챗GPT'가 공개된 이후부터입니다. 이젠 누구나 명령을 내리면 AI가 글을 쓰고, 그림을 그리고, 음악과 동영상도 만들고, 코딩도 하고, 자료 분석도 할 수 있어요. AI를 잘 활용할수록, 혼자서 할 수 있는 일이 급격하게 늘어나는 시대가 됐죠.

이제는 생성형 AI라는 신기술을 어떻게 활용할지 사람들의 관심이 집중되고 있어요. 새로운 기술과 서비스는 너무 어려워서, 나와는 거리가 먼 이야기인 것 같나요? 그렇지 않아요. 핸드폰 없이 생활하는 것을 상상하기 힘들 듯, 앞으로는 생성형 AI 없는 생활은 불편하다고 느낄 때가 올 거예요. 그 시대의 주인공은 바로 여러분이 될 거고요!

+ 생각 더하기

AI가 아무리 발전해도 사람을 완벽하게 대신할 수는 없어요. 사용자인 우리가 배우고 준비해야 할 것도 있고요. 인공지능에 '좋은 질문'을 하는 방법을 생각해 봐요.

① 웬만한 답변은 AI가 해주는 만큼, 무엇을 질문하느냐가 중요해요. '질문을 잘하는 힘'이 중요해지는 시대가 오고 있는 거죠.

② AI가 주는 답변과 결과물을 무조건 받아들이면 안돼요. AI가 항상 옳은 말만 하는 게 아니거든요. 내용을 다시 검토하고, 바른 정보를 선택하도록 노력하는 자세가 필요해요.

기사를 읽고 퀴즈를 풀어보세요!

1 빈칸에 알맞은 단어를 채워 문장을 완성해 보세요.

'생성형 AI'는 정보를 따라 하는 [ ] 을 넘어, 스스로 [ ] 해 무언가를 생성할 수 있는 인공지능(AI)를 말해요.

2 다음 중 '생성형 AI' 기사를 읽지 않은 사람은 누구인지 골라보세요. ( )

① 가온: 생성형 AI를 이용하면 나도 유튜브 동영상을 쉽게 만들 수 있겠구나.

② 나연: 생성형 AI는 AI보다 먼저 나온 기술이구나.

③ 다솔: 생성형 AI가 없는 세상이 불편하다고 느낄 날이 올 수도 있겠구나.

문해력 쑥쑥! 어휘사전

★ **생성** | 사물이 생겨남. 또는 사물이 생겨 이루어지게 함

★ **발상** | 어떤 생각을 해 냄. 또는 그 생각

★ **창작** | 방안이나 물건 따위를 처음으로 만들어 냄

날 '생', 이룰 '성'	비롯할 '창', 지을 '작'	필 '발', 생각 '상'
生成	創作	發想

💬 본문에 나온 한자어를 소리 내어 읽고 써보세요.

과학

"삐빅" 바코드의 원리

> **개념 쏙쏙!** **바코드(Bar Code)**
> 상품의 포장이나 꼬리표에 표시된 검고 흰 줄무늬를 말해요.

바코드 안에 수학·과학이 퐁당~

"삐빅" 편의점에서 물건을 사고 계산할 때 나는 이 소리의 정체는 '스캐너*가 바코드를 통해 물건의 정보를 인식하는 소리'예요. 바코드는, '바(bar)'와 '코드(code)'의 합성어로, '막대 모양의 번호'라고 해석할 수 있죠.

바코드에는 수학과 과학의 원리가 숨어 있어요. 바코드 스캐너에 장착된 적외선 감지 장치가 흰색과 검은색으로 이루어진 막대로 적외선을 보내면, 반사되는 양에 따라 흰색은 0, 검은색은 1로 인식됩니다. 인식된 신호가 컴퓨터로 입력돼 우리가 식별*할 수 있는 문자나 숫자로 나타나게 되는 원리랍니다.

'13개 숫자'의 비밀은?

가끔 스캐너가 바코드를 인식하지 못할 때, 매장 직원이 무언가를 보고 직접 입력하는 걸 본 적 있을 거예요. 바로 바코드 아래에 적힌 숫자인데요. 컴퓨터 오류에 대처할 수 있도록 사람이 인식할 수 있는 아라비아 숫자*로 표기한 거예요.

바코드에는 총 13개의 숫자가 적혀 있어요. 국가 코드(3자리), 제조업체 코드(4자리), 상품 품목 코드(5자리), 검증 코드(1자리)가 그것이죠. 참고로 우리나라의 국가 코드는 '880'을 사용하고 있답니다.

바코드의 원리를 이해했다면, 앞으로는 편의점이나 마트에 갈 때, 친구나 가족에게 바코드 스캐너가 어떻게 정보를 인식하는지, 바코드 숫자의 의미는 무엇인지 등을 자세히 설명해 주세요. 그럼 지금보다 쇼핑이 훨씬 더 유익하고 재미있어지지 않을까요?

기사를 읽고 퀴즈를 풀어보세요!

1 빈칸에 알맞은 단어를 채워 문장을 완성해 보세요.

바코드는 바(bar)와 코드(code)의 합성어로, ☐☐ 모양의 ☐☐ 라고 해석할 수 있어요.

2 다음 중 바코드에 표기된 숫자가 의미하는 것이 아닌 것은 무엇일까요? (   )

① 제조국가

② 제조업체

③ 제조날짜

④ 상품 품목

3 다음 내용을 읽고 맞으면 O, 틀리면 X를 표기하세요.

· 바코드 스캐너는 검은색은 0, 흰색은 1로 인식합니다. (   )

· 우리나라의 국가 코드는 '880'입니다. (   )

문해력 쑥쑥! 어휘사전

★ **스캐너** | (Scanner) 이미지나 문자 자료를 컴퓨터가 처리할 수 있는 형태로 정보를 변환해 입력할 수 있는 장치

★ **식별** | 분별해서 알아봄

★ **아라비아 숫자** | 보통 산수에서 쓰는 0, 1, 2, 3, 4, 5, 6, 7, 8, 9의 10개의 숫자

✏️ 본문에 나온 한자어 '식별'을 활용한 예문을 작성해 보세요.

예시   식별(識別: 알 '식', 나눌 '별')

눈으로 보았을 때, 가짜와 진짜를 **식별**하기 어렵다.

과학

죽음의 땅 '사막화'를 막아라!

> **개념 쏙쏙!** 사막화
> 연중 강수량이 적은 데 비해 증발량이 많아 초목이 거의 자랄 수 없는 불모★의 토지로 변하는 것을 말해요.

사막과 사막화는 달라!

세계 곳곳에서 사막화 현상이 일어나고 있어요. 사막화는 단순히 사막의 범위가 넓어지는 개념이 아니에요. 이전에는 사막이 아니었던 건조한 지역이 인간 활동을 포함한 다양한 요인에 의해 사막으로 변하는 것을 말하죠.

사막화는 어떤 과정으로 진행될까요? 원인은 복합적이지만, '식물이 급격히 줄어드는 것'이 사막화의 시작에 큰 영향을 미쳐요. 비바람에 의해 식물의 양분과 수분의 공급원이 되는 표토★가 손실되면서 수분이 부족해진 땅은 식물이 자라기 어려운 상태가 돼요. 시간이 지나면서 점점 자갈밭, 모래밭으로 바뀌다가 결국 사막이 되죠.

사막화가 진행되면 식량 생산량이 줄고 수자원 부족도 심각해져요. 생태계가 무너져 동물은 물론 사람도 살 수 없게 되면서 환경난민이 생겨나고요. 건조해진 대기로 인해 가뭄과 황사가 잦아지고, 산소 생산량과 이산화탄소 흡수량이 줄어 지구온난화와 기후변화가 가속되는 그야말로 '악순환'이 계속됩니다.

사막화 멈추려면 '국제적 협력' 필요해!

국제 사회는 1970년대에 들어 사막화 사태의 심각성을 깨닫고, 대책을 논의하기 시작했는데요. 1994년 유엔은 제29차 국제연합총회에서 사막화 방지를 위한 국제적 협력을 도모★하기 위해 매년 6월 17일을 '세계 사막화 방지의 날'로 지정했습니다.

사막화를 멈추는 건 하루아침에 해결할 수 있는 일이 아니에요. 근본적으로 기후변화를 멈춰 가뭄과 건조한 날씨를 줄여야 해요. 또 사막의 확산에 맞서 지역 환경에 맞는 나무를 심고 가꾸면서 산림을 회복시켜야 하고요. 전 세계가 사막화 방지를 위해 한마음으로 뜻을 모아야 하는 이유입니다.

기사를 읽고 퀴즈를 풀어보세요!

1 다음에 설명하는 문장의 답을 찾아, 낱말 퀴즈를 풀어보세요.

- **가로** - ① 비, 눈, 우박, 안개 따위로 일정 기간 동안 일정한 곳에 내린 물의 총량 (3자)
  ③ 원인과 결과가 되풀이되면서 상황이 악화되는 일 (3자)
  ⑤ 일정 지역에서 오랜 기간에 걸쳐서 진행되는 기상의 변화 (4자)

- **세로** - ② 일정한 시간 안에 물의 표면에서 수증기가 증발하는 양 (3자)
  ④ 자연재해 따위로 인해 경작하던 토지나 주거 지역을 잃은 난민 (4자)
  ⑥ 연중 강수량이 적은 데 비해 증발량이 많아 초목이 거의 자랄 수 없는 불모의 토지가 됨 (3자)

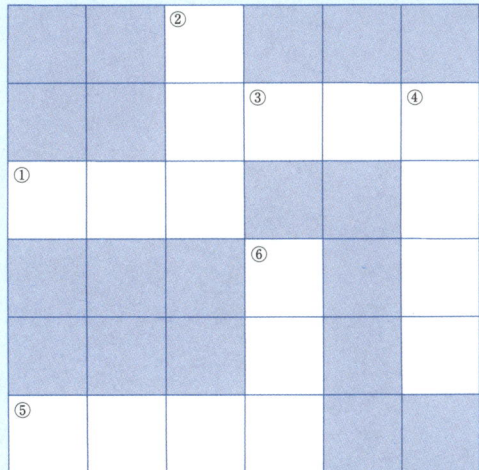

문해력 쑥쑥! 어휘사전

★ **불모** | 땅이 거칠고 메말라 식물이 나거나 자라지 아니함

★ **표토** | 토질이 부드러워 갈고 맬 수 있는 땅 표면의 흙

★ **도모** | 어떤 일을 이루기 위해 대책과 방법을 세움

아니 '불', 털 '모'	겉 '표', 흙 '토'	그림 '도', 꾀 '모'
不毛	表土	圖謀

💬 본문에 나온 한자어를 소리 내어 읽고 써보세요.

과학

도전! 메타 물질로 '투명망토' 만들기

> **개념 쏙쏙!** **메타 물질(Metamaterial)**
> 그리스어로 '초월'을 의미하는 'Meta'와 '물질'을 의미하는 라틴어 'Materia'로 이루어진 합성어로, 자연에서 얻어진 물질에서 발견되지 않는 특성을 갖도록 설계한 물질을 말해요.

해리포터 투명망토의 원리

우리는 물체로부터 반사되는 빛을 인식해 무언가를 볼 수 있어요. 그런데 만약 물체에 빛이 반사되지 않고 다른 쪽으로 휘어져 버린다면 어떻게 될까요? 결론부터 말하면, 우린 그 물체를 볼 수 없게 돼요. 이는 영화 '해리포터'에 등장하는 투명망토를 통해 쉽게 설명할 수 있는데요. 투명망토의 기본 원리는 굴절률★ 차이에 의한 빛의 꺾임 현상을 이용해 특정 물체에 빛이 도달하지 않도록 만든 것으로부터 비롯돼요. 빛이 굴절되는 정도를 변화시켜 모습을 감추게 하는 거죠.

빛의 굴절 내 맘대로 조절하는 '메타 물질'

이처럼 인위적★으로 빛을 굴절시킬 수 있는 물질을 '메타 물질'이라고 합니다. 메타 물질을 입힌 투명망토는 빛을 정상적으로 반사하지 않아요. 빛이 물체의 표면에 닿아도 제대로 반사되지 않고 표면을 타고 돌아나가도록 의도적으로 설계됐기 때문이죠. 아쉽게도 현재의 기술력으론 망토의 형태가 아닌, 투명 스크린에 가까운 정도로만 만들 수 있다고 해요.

▲[출처=topwar.ru]

투명망토가 아니더라도 향후 메타 물질의 활용은 무궁무진한데요. 메타 물질을 전투기에 입히면 레이더 전파를 굴절시켜 적의 공격을 피할 수 있고, 태양열 유입을 차단해 대기 온실가스를 줄이는 데도 이용할 수 있다고 합니다.
과연 메타 물질이 지구와 인류를 위한 착한 물질이 될지, 관심을 두고 지켜봐야겠어요.

기사를 읽고 퀴즈를 풀어보세요!

1 빈칸에 알맞은 단어를 채워 문장을 완성해 보세요.

☐☐☐ 이란, 그리스어로 ☐☐ 을 의미하는 'Meta'와 ☐☐ 을 의미하는 라틴어 'Materia'로 이루어진 합성어로, 자연에서 얻어진 물질에서 발견되지 않는 특성을 갖도록 설계한 물질을 말해요.

2 다음 문장을 읽고 괄호 안에 알맞은 단어를 골라 동그라미 치세요.

투명망토의 기본 원리는 (흡수율, 굴절률) 차이에 의한 빛의 꺾임 현상을 이용해서 특정 물체에 빛이 도달하지 않도록 조절하는 것입니다.

3 메타 물질과 관련된 내용으로 옳지 않은 것을 고르세요. (   )

① 해리포터의 투명망토는 메타 물질의 원리와 같다.
② 메타 물질은 인위적으로 빛을 굴절시킬 수 있다.
③ 메타 물질은 다량의 온실가스를 발생시킨다.
④ 메타 물질은 전투기에도 활용될 수 있다.

문해력 쑥쑥! 어휘사전

★ **굴절률** | 빛이 굴절되는 정도

★ **인위적** | 자연의 힘이 아닌 사람의 힘으로 이루어지는 것

✎ 본문에 나온 한자어 '인위적'을 활용한 예문을 작성해 보세요.

예시 인위적(人爲的: 사람 '인', 할 '위', 과녁 '적')
이곳의 호수는 **인위적**으로 만들어진 것이다.

105

과학

"내 콘텐츠, 쓰지마!"
AI 학습 둘러싼 '저작권 논란'

> **개념 쏙쏙!** **AI 저작권**
>
> 저작권은 어떤 사람이 책, 그림, 노래, 영화, 게임 같은 것을 만들었을 때, 그 사람에게 이 창작물★의 주인이 될 수 있는 권리를 주는 건데요. 최근 AI가 만든 창작물의 저작권 여부를 두고 논란이 이어지고 있어요.

AI 창작물의 저작권은 누구에게 있을까?

 사용자의 요청에 따라 다양한 콘텐츠를 만들어내는 '생성형 AI'는 글, 그림, 음악, 컴퓨터 프로그램, 심지어 건물 설계도까지 결과물도 다양해요. 생성형 AI가 똑똑해질 수 있었던 건, 사람처럼 '공부'를 하고 있어서예요. 글이나 그림 같은 데이터를 엄청나게 많이 학습하는 방법으로 말이죠.
 그런데 AI가 '무엇'을 공부하느냐는 매우 중요한 문제예요. 바로 여기에서 인공지능을 둘러싼 저작권 갈등이 시작됐습니다. AI가 공부한 글, 그림, 음악 등 콘텐츠는 모두 사람이 만든 것이니까요. 이와 같은 문제로 인해, '저작자의 동의를 받거나, 정당한 대가를 지불한 뒤에야 AI 학습에 콘텐츠를 쓰는 게 맞다'라는 반발이 전 세계에서 꾸준하게 제기되고 있습니다.

내 콘텐츠, 사용하지 마!

 하지만 많은 인공지능 기업이 이 과정 없이 수많은 콘텐츠를 AI 학습에 활용했어요. 온라인에 공개된 저작물을 이용한다면, '공정 이용★'에 해당돼 저작권 위반이 아니라고 본 거죠. 하지만 이에 동의하지 않는 저작자도 많아, 갈등이 계속되고 있습니다.
 실제로 2023년 12월, 미국의 유서 깊은 일간★ 신문 '뉴욕타임스'가 챗GPT의 개발사인 오픈AI와 MS(마이크로소프트)사를 '저작권 침해'로 고발했어요. 생성형 AI를 학습시키기 위해, 뉴욕타임스의 기사 수백만 개를 허락 없이 사용했다는 이유였죠.
 AI 저작권 갈등을 해소하기 위해선 새로운 법적 규정이 마련돼야 해요. 이를 통해 AI가 생성한 콘텐츠의 저작권을 보호하고, 소유자의 권리를 보장하는 시스템이 구축돼야 할 것입니다.

기사를 읽고 퀴즈를 풀어보세요!

1 기사에 밑줄 친 '이 과정'이 의미하는 내용은 무엇일까요? (   )

① 인공지능 기업이 온라인에 공개된 저작물을 이용하는 '공정 이용'

② AI가 똑똑해지기 위해 수많은 자료를 학습하는 것

③ AI 학습을 위해 저작자의 동의를 받거나, 정당한 대가를 지불한 뒤에 콘텐츠를 사용하는 것

2 미래 산업의 중심이 될 인공지능. 제대로 작동하려면 막대한 콘텐츠를 학습할 필요가 있어요. 그렇지만 이 과정에서 저작권 논란이 심각한 것도 사실이죠. 인공지능 학습과 결과물의 저작권 문제를 두고, 어떻게 법을 정할 것인지 각국의 판단이 갈리는 이유입니다. 여러분은 이 문제를 어떻게 보고 있나요?

문해력 쑥쑥! 어휘사전

★ **창작물** | 독창적으로 지어낸 예술 작품

★ **공정 이용** | 공공의 이익이 된다면 저작권자 허락 없이 사용해도 괜찮다는 저작권 예외 규정

★ **일간** | 신문 따위를 날마다 발행함. 또는 그런 발행물

비롯할 '**창**', 지을 '**작**', 만물 '**물**'	공평할 '**공**', 바를 '**정**', 이로울 '**이**', 쓸 '**용**'	날 '**일**', 책 펴낼 '**간**'
創作物	公正利用	日刊

💬 본문에 나온 한자어를 소리 내어 읽고 써보세요.

과학

2024년 MIT가 뽑은 미래 기술 10가지!

> **개념 쏙쏙!** **10대 미래 기술**
>
> 매사추세츠공과대학(MIT)은 매년 '10대 미래 기술'을 선정해 발표해요. 여기에는 우리가 주목하고 있는 기술, 주목해야 할 기술, 몇 년 안에 등장할 기술이 포함돼 있습니다.

1 모든 것을 위한 AI

AI는 스마트폰, 컴퓨터뿐 아니라 농업, 의료, 제조업 등의 산업에서 효율성을 높여주고 있어요. 이에 따라 많은 산업 분야가 크게 재편★되고 있죠. 기업이 새로운 기술을 도입하기 위해 자본을 운용하거나, 노동자가 일하는 방식 같은 것들이 달라진다는 의미예요.

2 초고효율 태양전지

태양광 발전이 빠르게 보급됨에 따라 '초고효율 태양전지' 기술도 주목받고 있어요. 초고효율 태양전지는 '페로브스카이트'라는 물질 덕분에 같은 양의 햇빛을 흡수하고도 보통의 태양전지보다 훨씬 더 많은 전기를 생산할 수 있답니다.

3 애플 비전 프로

애플에서 만든 혼합현실(MR) 헤드셋 '애플 비전 프로'는 현실 세계에서 보는 실제 물건들과 컴퓨터가 만든 가상의 물건들을 함께 볼 수 있는 장치예요. 게임, 영화, 교육 등 여러 분야에서 활용될 수 있죠.

4 체중 감량 약물

세계보건기구(WHO)가 비만을 '신종 유행병'으로 진단함에 따라, '새로운 체중 감량 약'들이 개발됐어요. 이는 단순히 다이어트를 목적으로 한 약이 아니에요. 체중을 효과적으로 줄여서 당뇨병, 심장병 등 비만과 관련된 다양한 건강 문제를 해결하는 데 도움을 준답니다.

5 심부지열발전 시스템

'심부지열발전'은 보통의 지열발전★보다 훨씬 더 깊숙한 지구 내부의 열을 이용해 전기를 만드는 시스템이에요. 친환경 에너지인 지열에너지는 그동안 기술적인 문제로 제대로 활용되지 못했지만, 최근에는 새로운 기술들이 개발되면서 더 많은 양의 에너지를 얻을 수 있게 됐죠.

6 칩렛

'칩렛'은 마치 레고를 조립하듯이 하나의 칩에 더 작은 칩들을 여러 개 조립하는 기술이에요. 기존의 반도체보다 생산성이 높고, 잘 활용하면 컴퓨터를 더 빠르고 효율적으로 작동할 수 있습니다.

7 최초의 유전자 편집 치료제
 2023년 말, 미국과 영국에서 최초로 '유전자 가위' 기술로 만들어진 치료제가 승인됐어요. 유전자 가위 기술은 작은 단백질인 '효소'로 유전자의 특정 부위를 잘라서, 유전자 자체를 바꿔 질병을 치료할 수 있는 기술이에요.

8 엑사급 컴퓨터
 엑사급 컴퓨터란 1엑사플롭(EF) 이상의 계산을 할 수 있는 매우 빠른 슈퍼컴퓨터를 말해요. 1초당 100경번의 계산을 할 수 있는 능력을 갖고 있죠. 엑사급 컴퓨터는 날씨·기후변화·유전자 등 다양한 분야에서 사용되고 있습니다.

9 히트 펌프
 '히트 펌프'는 특정한 곳에 있는 열을 다른 곳으로 옮기는 데 사용하는 '냉난방 기계'예요. 대표적으로 냉장고, 에어컨, 건조기, 온풍기 등이 있죠. 히트 펌프는 전기로 돌아가기 때문에 탄소 배출량을 크게 줄일 수 있어 전 세계적으로 판매율이 증가하고 있답니다.

10 트위터 킬러
 2022년 테슬라 CEO 일론 머스크는 '트위터'를 인수한 후 'X'라는 이름으로 바꿨어요. 동시에 기존의 직원들을 해고하고 관리·인증 시스템을 바꿔 놓으면서 X에는 왜곡된 정보들이 넘쳐나게 됐죠. 그로 인해 많은 사람들이 X를 대신하는 블루스카이, 스레드 같은 서비스로 옮겨갔습니다.

기사를 읽고 퀴즈를 풀어보세요!

1 다음 중 MIT가 뽑은 미래 기술이 아닌 것은 무엇인가요? (   )
① 초고효율 태양전지   ② 전기자동차   ③ 체중 감량 약물   ④ 칩렛

문해력 쑥쑥! 어휘사전

★ **재편** | 다시 편성함. 또는 그런 편성

★ **지열발전** | 땅속에서 분출하는 증기나 뜨거운 물로 발전하는 방식

✏️ 본문에 나온 한자어 '재편'을 활용한 예문을 작성해 보세요.

예시 재편(再編: 두 '재', 엮을 '편')
정보통신 산업의 **재편** 움직임이 활발하다.

과학

피라미드의 장수 비결은?

> **개념 쏙쏙!** **피라미드(Pyramid)**
> 고대 이집트를 대표하는 묘의 한 형식으로, 돌이나 벽돌을 쌓아 만든 사각뿔* 모양의 거대한 건조물*을 말해요. 주로 왕이나 왕족의 무덤으로 사용됐습니다.

'사각뿔 피라미드'의 놀라운 비밀!

거대한 언덕을 연상케 하는 어마어마한 크기의 피라미드! 크기도 엄청나지만, 4,600년이 넘는 기간 동안 무너지지 않고 안정적으로 원래의 모습을 유지하고 있다는 사실이 더욱 놀라운데요. 피라미드만의 특별한 장수* 비결이라도 있는 걸까요?

이집트에서 가장 큰 피라미드는 기원전 2,500년경에 만들어진 '쿠푸(Khufu) 왕의 피라미드'예요. 밑면은 사각형이고, 네 개의 옆면은 삼각형인 사각뿔 모양을 하고 있죠. 평균 2.5톤의 돌을 250만 개 이상 쌓아 네 개의 이등변 삼각형을 세운 것으로, 이런 구조를 완성하기까지 상당한 수준의 수학적 지식이 필요했을 것으로 추측됩니다.

이집트의 모든 피라미드가 사각뿔 형태인 건 아니지만, 지금까지 남아있는 상당수의 피라미드가 사각뿔 모양이며, 옆면의 경사가 51.4도로, 비슷한 것으로 확인됐어요.

장수의 비결은 '경사면의 완벽한 균형'

가는 모래를 손에 움켜쥐고 평평한 바닥 위에 일정한 속도로 떨어뜨리면, 산 모양의 모래성이 만들어져요. 모래가 너무 높이 쌓인다 싶으면, 위에 있는 모래가 자연스레 산사태가 난 것처럼 아래로 굴러떨어지면서 경사를 이루죠.

모래가 아래로 떨어지려는 힘과, 아래에서 받쳐주려는 힘이 균형을 이루면서 만들어지는 것이 바로 피라미드 형태인데요. 과학자들은 이와 같은 현상을 통해 '모래를 오랫동안 떨어뜨리면 크기는 점점 커지지만, 측면의 각은 변하지 않고 일정하게 유지된다.'는 사실을 발견할 수 있었습니다.

과거, 피라미드를 설계한 사람도 이 사실을 알았던 걸까요? 우연이든 아니든 분명한 건, 이 거대하고도 정교한 건축물을 만들어낸 고대 이집트인들의 지혜가 오늘날까지 빛을 발하고 있다는 사실이에요.

기사를 읽고 퀴즈를 풀어보세요!

1 다음 문장을 읽고 괄호 안에 알맞은 단어를 골라 동그라미 치세요.

피라미드는 고대 이집트 묘의 한 형식으로, 돌이나 벽돌을 쌓아 만든 (삼각뿔, 사각뿔) 모양의 거대한 건조물을 말해요. 주로 왕이나 왕족의 (무덤, 집)으로 사용됐습니다.

2 빈칸에 알맞은 단어를 채워 문장을 완성해 보세요.

피라미드의 옆면은 평균 2.5톤의 돌을 250만개 이상 쌓아, 네 개의 ☐☐☐ 삼각형을 세운 모양을 하고 있어요.

3 다음 내용을 읽고 맞으면 O, 틀리면 X를 표기하세요.

· 이집트에서 가장 큰 피라미드는 람세스 대왕의 피라미드입니다. (   )
· 피라미드 옆면의 경사는 대부분 51.4도입니다. (   )

문해력 쑥쑥! 어휘사전

★ **사각뿔** | 사각형을 밑면으로 하고 그 평면 밖의 한 점을 공통의 꼭짓점으로 하는 네 개의 삼각형으로 둘러싼 각뿔

★ **건조물** | 만들어 지은 물건이나 건물 따위를 통틀어 이르는 말

★ **장수** | 오래 삶. 또는 그 수명

넉 '사', 뿔 '각'	세울 '건', 지을 '조', 만물 '물'	길 '장', 목숨 '수'
四角뿔	建造物	長壽

💬 본문에 나온 한자어를 소리 내어 읽고 써보세요.

과학

멕시코 출신 '강낭콩'이 사는 법

> **개념 쏙쏙!** **강낭콩**
> 콩과에 속한 한해살이풀로, 잎은 세 쪽의 겹잎으로 어긋나며, 줄기는 덩굴*을 이루는 것과, 곧게 자라는 것으로 구별됩니다.

강낭콩의 고향이 멕시코라고?

대한민국 먹거리 문화에서 콩은 떼려야 뗄 수 없는 존재예요. 지금도 우리 농가에서는 여러 종류의 콩을 재배하고 있어요. 된장과 고추장을 만드는 메주 콩(흰콩), 두유나 콩국수에 쓰이는 서리태(검은콩), 영양이 뛰어난 쥐눈이콩, 밥에 넣어 먹는 완두콩 등 매우 다양합니다.

여기서 놀라운 반전 하나! 우리가 자주 먹는 강낭콩의 고향은 한국이 아닌 멕시코라는 사실이에요. 강낭콩이 한국 땅에 온 건 일제강점기였던 1910~1920년대였어요. 외래종*임에도 불구하고 강낭콩은 빠른 시간에 한국을 대표하는 콩으로 자리 잡게 됐죠.

'덩굴형'과 '지주형' 함께 심어요!

강낭콩을 재배하는 방법은 두 가지로 나뉘어요. 줄기가 최대 3미터 이상 뻗어나가면서 열매를 맺는 '덩굴형 재배'와 작은 나무처럼 가지 중간에서 열매를 맺는 '지주형 재배'가 그것입니다.

보통 3월 말에서 4월 초에 덩굴형과 지주형을 함께 심는데요. 지주형은 높이 70cm 내외까지 자라며, 빠르면 3개월 만에 수확이 가능해요. 수확 시기는 빠르지만, 수확량은 적은 게 특징이죠. 덩굴형은 심고 나서 4개월 정도 지나면 수확할 수 있는데요. 오래 자란 덕에 수확량도 많습니다. 그런데 왜 굳이 덩굴형과 지주형을 함께 재배하는 거냐고요? 강낭콩은 서늘한 기후를 좋아하고 습기를 싫어해요. 그런데 강낭콩 열매가 맺힐 때쯤이면 장마가 시작되기 때문에 열매가 채 익기도 전에 썩거나 시들기 쉽죠. 그래서 장마가 오기 전에 수확이 가능한 지주형을 심기 시작한 거예요. 하지만 지주형은 단위 면적*당 수확량이 너무 적어서, 수확량이 높은 덩굴형을 함께 재배하게 된 거랍니다.

우리가 몰랐던 강낭콩에 관한 비밀, 참 재미있죠?

기사를 읽고 퀴즈를 풀어보세요!

1 빈칸에 알맞은 단어를 채워 문장을 완성해 보세요.

강낭콩은 콩과에 속한 ☐☐☐☐ 로, 잎은 세 쪽의 ☐☐ 으로 어긋나며, 줄기는 덩굴을 이루는 것과 곧게 자라는 것으로 구별됩니다.

2 다음 내용을 읽고 맞으면 O, 틀리면 X를 표기하세요.
- 강낭콩의 고향은 한국이 아닌 멕시코입니다. (　)
- 강낭콩이 한국 땅에 온 건 2000~2010년대입니다. (　)

3 강낭콩과 관련한 내용 중 바른 것을 고르세요. (　)

① 강낭콩을 재배하는 방법은 지주형과 덩굴형으로 나뉜다.
② 지주형 재배 시, 한 달 안에 수확이 가능하다.
③ 덩굴형 재배가 지주형 재배보다 수확량이 적다.
④ 강낭콩은 습기를 좋아한다.

문해력 쑥쑥! 어휘사전

★ **덩굴** | 길게 뻗어 나가면서 다른 물건을 감기도 하고 땅바닥에 퍼지기도 하는 식물의 줄기

★ **외래종** | 다른 나라에서 들어온 씨나 품종

★ **단위 면적** | 어떤 단위계에 있어서 넓이가 1인 면적

✏️ 본문에 나온 한자어 '외래종'을 활용한 예문을 작성해 보세요.

> **예시** 외래종(外來種: 바깥 '외', 올 '래', 씨 '종')
> **외래종**의 유입으로 인해 생태계의 교란이 일어났다.

과학

밤하늘에 반짝이는 별, 알고 보니 인공위성?

개념 쏙쏙! 인공위성

사람이 만든 위성으로, 지구 주위를 도는 작은 우주 기계나 비행체를 말해요. 우주에서 통신이나 날씨 예측, 내비게이션 시스템, 지구나 다른 행성을 조사하는 등 다양한 일을 하며 정보를 보냅니다.

스페이스X가 쏘아 올린 크고 작은 인공위성들

전기자동차 하면 생각나는 기업 '테슬라'는 민간* 우주탐사 기업 '스페이스X'도 운영하고 있어요. 이곳에서 로켓이나 인공위성 같은 우주 발사체*를 만들어 우주로 쏘아 올리는 일을 하죠.

스페이스X가 발사하는 로켓에는 무엇이 실려 있을까요? 국제 우주 정거장으로 가는 우주인과 화물이 있을 때도 있지만, 대부분은 크고 작은 인공위성이 실려 있어요. 이 인공위성들은 지구 주위를 맴돌면서 다양한 임무를 수행합니다.

▲[출처=satellitemap.space]

전 지구 위성 인터넷망 '스타링크'

스페이스X는 또 하나의 커다란 프로젝트를 진행하고 있어요. 작은 인공위성을 지구 주변의 궤도에 촘촘하게 쏘아서 깔아두고, 인터넷을 연결하는 기지국* 역할을 하게 만드는 거예요. 지금도 2,000개가 넘는 인공위성들이 지구를 맴돌면서 인터넷망을 제공하고 있어요. 이 위성 인터넷 서비스를 '스타링크'라고 합니다.

스타링크와 같은 위성 인터넷망에는 어떤 장점이 있을까요? 가장 큰 장점은 '지구 어디서나 인터넷에 접속할 수 있다는 점'입니다. 여러분이 만약 스마트폰을 들고 남극이나 아마존, 사막과 같은 극한 지역에 간다면, 인터넷으로 영상을 보거나 다른 사람들과 연락하기 매우 어려울 거예요. 그런데 인공위성이 인터넷 연결을 도와준다면, 지구 어디서든 빠른 인터넷 서비스를 이용할 수 있죠.

스페이스X의 대표 일론 머스크는 "앞으로 스타링크 인공위성을 2만 개까지 우주에 띄우겠다."라고 발표했는데요. 스타링크의 파급력이 과연 어떤 세상을 그려낼지 기대됩니다.

기사를 읽고 퀴즈를 풀어보세요!

1 빈칸에 알맞은 단어를 채워 문장을 완성해 보세요.

☐☐☐☐ 은 사람이 만든 위성으로 지구 주위를 도는 작은 우주 기계나 비행체를 말해요.

2 <보기>는 '스타링크'와 관련된 기사의 일부를 가져온 것입니다. 기사를 읽고 보인 반응으로 적절하지 않은 친구를 골라보세요. (   )

<보기>

> 러시아와 우크라이나의 전쟁 초기, 러시아가 우크라이나의 통신 시설을 파괴하자 우크라이나 군대는 큰 위기에 빠졌다. 하지만 스타링크 서비스를 이용해 통신을 유지할 수 있게 되면서 위기를 벗어날 수 있었다. 이에 스페이스X는 "스타링크가 평화적 용도로 만들어졌으며, 근본적으로 군사적 용도로 사용돼서는 안 된다"라는 입장을 전했다.

① 도윤: 우크라이나 군대는 작전에 스타링크를 적극적으로 활용하고 있대.
② 서우: 만약에 평화적 용도로 사용돼야 한다는 이유로 스타링크가 서비스를 중단하면 우크라이나가 큰 위기에 처하는 것 아닐까?
③ 채원: 스페이스X는 인류의 이익과 안전에 기여할 수 있도록 더 신중하게 우주기술을 개발해야겠네.
④ 서준: 인공위성이 별을 가리거나 잘 구분되지 않아 천문학 연구가 어려워질 것을 우려하는 천문학자가 많을 것 같아.

문해력 쑥쑥! 어휘사전

★ **민간** | 관청이나 정부 기관에 속하지 않음

★ **기지국** | 전파를 주고받는 기능을 하는 작은 통신 기관

★ **발사체** | 우주선을 지구 궤도로 올리거나 지구 중력장에서 벗어나도록 하는 로켓 장치

백성 '민', 사이 '간'	필 '발', 쏠 '사', 몸 '체'	터 '기', 땅 '지', 판 '국'
民間	發射體	基地局

💬 본문에 나온 한자어를 소리 내어 읽고 써보세요.

부록

- 요모JO모 뉴스
- 정답

요모JO모 뉴스 news

이 세상에서는 매일 수많은 일들이 벌어지고 있어! 기쁘고 즐거운 일도 있지만 때로는 슬프고 화나는 일도 일어나지. 무슨 일일까 궁금하지 않아? 그래서 준비했어! 넘쳐나는 이야기 속 너희들이 주목할 만한 소식만 콕콕 찝어 모아왔다구! 과연 세상엔 어떤 흥미로운 일들이 벌어지고 있을까?

진로 N

반려견 순찰대 '호두'. X@정원오 서울 성동구청장

"우리 동네는 내가 지킬'개'"

"거기 당신! 방금 수상한 행동을 한 것 같군, 같이 경찰서에 동행해 줘야겠멍!" …멍(?) 우리 동네에 귀여운 강아지 순찰대가 떴다! '반려견 순찰대'는 반려견과 동네를 산책하면서 위험 사항을 찾아내고, 필요한 경우에는 경찰이나 자치구에 알리는 방범 순찰대야! 용맹하고 귀여운 견공들이지만 아무나 순찰대를 할 수 있는 건 아니야. 1차, 2차 심사를 통과해야 하는데, 특히 2차 실습에서 반려견이 주인 말은 잘 듣는지, 산책은 잘하는지, 자극이 있을 때 어떻게 행동하는지를 평가한대.

반려견 순찰대가 1년간 활동한 동네 순찰 횟수는 서울에서만 총 4만 8,431회라고 해. 이 과정에서 음주운전 차량을 신고하거나, 추운 겨울 길가에 쓰러져 있는 시민을 구하기도 했지. 정말 용맹하고 귀엽고 대견한 것 같아! +_+

귀여운 박물관 마스코트, 알고 보니 ○○? ㄴ(°0°)ㄱ

"박물관 SNS 캐릭터로 만나보고 싶은 유물을 선택해 주세요!" 충남에 위치한 국립부여박물관은 네티즌을 대상으로 재미있는 SNS 이벤트를 개최했어. 박물관 전시실에 있는 유물 4개 중, SNS 마스코트로 만들면 좋을 유물에 투표해달라는 거였지.('3')

유물 후보는 ①'호자', ②'연꽃도깨비무늬벽돌', ③'나한상', ④'금동관음보살입상' 이렇게 4가지였지? 사진상으로 보면, 4개 후보 중에서 멋져 보이는 ②번, 아니면 ④번이 뽑힐 것 같았어.

그런데 이런 온라인 투표에선 주최자의 의도와 다른 대참사가 벌어지는 일이 많았잖아?(ex.파맛첵스) 이번에도 마찬가지였어. 위엄은 하나도 없고 뭔가 얼빵(?)해 보이는 '호자'에 표가 몰린 거야. 게다가, 알고 보니까 호자는 호랑이 모양으로 만들어진 남성용 '요강'이었지!

논란이 있었지만, 재투표는 이루어지지 않았어. 그렇게 호자는 국부박의 엄청 귀여운 캐릭터로 탄생했다는 이야기.(-ㅠ-)b

유물 호자. 국립부여박물관 페이스북

0칼로리 죠스바, 스크류바. lottesweetmall.com
설탕과 카페인까지 뺀 제로콜라. coca-cola.com

제로슈거? 이제는 '제로칼로리'!

부드러운 크림이 가득한 빵, 새콤달콤 쫄깃한 젤리, 초코시럽 듬뿍 뿌린 프라푸치노… 다디단 밤양ㄱ, 아니 음식이 넘쳐나는 세상이야 '▽'. 그런데 최근에 사람들이 건강에 점차 관심을 가지면서, 기업들이 설탕을 넣지 않거나 줄이고, 대체감미료를 활용한 '제로슈거' 제품을 앞다퉈 선보여 왔어. 그렇게 설탕을 뺀 식음료가 인기를 얻다 보니까 이제는 아예 칼로리도 없앤 '제로칼로리' 제품까지 등장하고 말았지!

제로칼로리는 엄밀히 말하면 완전한 0칼로리는 아니지만 매우 낮은 칼로리를 갖고 있어서 사실상 칼로리가 없는 걸로 쳐. 식품 업계에 따르면 디저트, 커피, 소스류 등 점점 더 많은 식품에 칼로리가 사라진다고 하니(?) 제로 열풍은 더 확대될 걸로 보여!

단종된 딸기 고래밥. ssg.com

세상에 단 하나뿐인 '딸기맛 고래밥'

어린이병원 중환자실에 입원해 있던 3살 아이를 위해 세상에 단 하나뿐인 과자가 만들어졌어. 바로 오리온 '딸기맛 고래밥'! 부산대어린이병원에서 근무하는 최다정 간호사는, 금식이 끝나고 밥을 먹을 수 있게 되자 과자를 애타게 찾는 아이에게 딸기맛 고래밥을 구해주기로 마음먹었어.

그런데 이 제품은 시즌 한정으로 나온 거라 이미 2022년에 단종된 거야. 하지만 최 간호사는 아이를 위해 오리온 홈페이지에 직접 사연을 남겼고, 오리온은 이를 받아들여 아주 특별한 과자를 만들어 보내주기로 했지. 과자는 공장이 아닌 연구소에서 수작업으로 제조됐어. 이미 단종된 제품이라 공장에는 재료가 없었거든. 심지어 아픈 아이가 먹는 음식이니까 미생물 검사까지 철저히 하는 세심함도 보였지(감동ㅠ).

이 세상에는 최다정 간호사나, 오리온 회사처럼 보이지 않는 영웅들이 곳곳에 존재해. 경제 논리만으로는 설명할 수 없는 이런 일들이 벌어지지. 선행을 베푼 기업은 사람들에게 감동을 준 만큼, 더 좋은 이미지를 얻게 됐어. 이런 게 바로 모두가 '윈-윈'하는 따뜻한 세상 아니겠어?

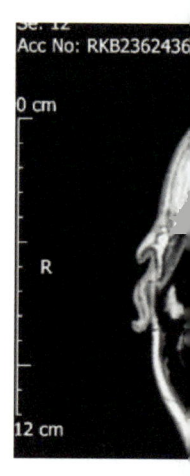

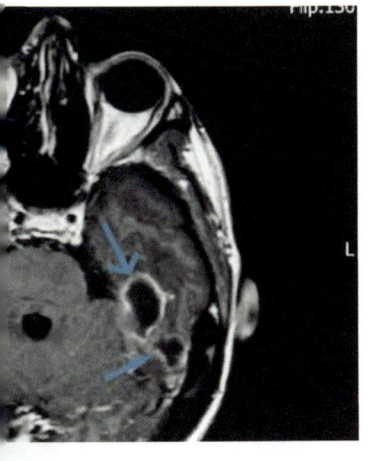

면봉으로 강하게 귀지를 판 남성이 심한 외이도염으로 인해 뇌에 염증이 생긴 모습.
livescience.com

작은 귓밥도 다시 봐야 하는 이유

씻고 난 다음에 항상 면봉으로 귓속을 깨끗이 청소하는 친구들 많을 거야. 그런데 귀를 너무 과하게 파면 목숨이 위험해질 수도 있다고 해!(농담 아님ㅜ) 실제로 학계에 보고된 사례인데, 호주의 한 남성이 귀를 팠다가 외이도에 염증이 생겼어. 그런데 이 염증이 귀 뼈를 타고 뇌 뼈까지 퍼져서 염증을 일으켰지(ㄷㄷ). 나이가 많거나 당뇨 환자의 경우 심한 외이도염으로 사망할 확률이 무려 10%나 된대! 게다가 귀가 가렵다고 면봉으로 귓속을 수시로 괴롭히면, 외이도에 염증이 생겨 청력이 떨어질 수도 있어. 그러니까 앞으로 귓밥은 귓구멍 쪽에 있는 것들만 살살 제거하고, 외이도에 염증이 생기지 않게 가끔씩 적당히 파자!

'4번째 이동통신사' 등장이요~

2025년 그러니까 내년 상반기에 '제4 이동통신사'가 생긴다는 소식이야. 이름은 '스테이지엑스'! 우리나라엔 여러 이동사가 있어. 하지만 '3대 이동통신사'인 SKT, KT, LG U+가 전체 통신 시장 매출의 97.1%를 차지하는 '과점' 상태야. 문제는 3대 이통사의 요금이 비싼 데다가, 5G 같은 주파수 관리도 제대로 하지 않고 있다는 거야!

이를 해결하기 위해서 정부는 새로운 통신사의 경쟁을 허용했고, 카카오 계열의 알뜰폰 이통사 출신 스테이지엑스라는 대형 신인이 등장하게 된 거야. 22년 만에 이통사 4사의 시대가 열린 거지.

아무튼 스테이지엑스는 기존 이통사와는 차별화된 요금제와 빠른 데이터 서비스를 제공할 거래. 소비자들은 제4 이통사가 어떤 바람을 몰고 올지 기대하고 있어.

내 마음 알아주는 '마음이지' 검사

우리는 살면서 성적이나 진로, 친구나 부모님과의 관계 때문에 깊게 고민하고 때로는 방황하기도 해. 하지만 이렇게 마음이 힘들고 아플 때 뭘 어떻게 해야 할지도 잘 모르고 혼자서만 끙끙 앓는 경우가 많잖아? 그래서 교육부가 '마음이지(EASY)' 검사를 만들었대! 선생님은 학생들의 마음을 '쉽게' 이해하고, 학생들은 '바로 이게 내 마음이지'라며 나의 마음을 스스로 알 수 있게 한 거야.

'마음이지'는 초등학교부터 고등학교까지 3년에 한 번씩 받는 정서·행동특성검사와는 다르게, 마음 건강 진단이 필요한 모든 초중고 학생이 받을 수 있어! 여러 가지 이유로 학교에 적응하기 어렵거나, 마음을 크게 다쳐서 괴로워하고 있다면, 선생님께 여쭤보고 마음이지 검사를 통해 도움을 받아봐. 주변에 힘들어하는 친구들에게도 추천하면 좋을 것 같아!

출처. 요아정 홈페이지

탕후루 가고 요아정 돌아옴

요아정이 뭐냐고? '요거트 아이스크림의 정석'이라는 이름의 요거트 아이스크림 전문점이야. 요거트 아이스크림이나 그릭요거트에 과일이나 시리얼 토핑을 얹어서 여러 가지 조합으로 먹는 거. 근데 사실 탕후루 이전에도 요아정은 있었어. 달달함을 과하게 추구하는 유행에서, 이제는 건강함을 되찾기 위해 돌아가는 건가 봐. 탕후루에 비하면 가격이 좀 비싼 편이지만 건강한 디저트를 즐기고 싶다면 한 번쯤 먹어 보는 것도?

강아지 옷 아니고 '크롭탑'임

지난 2021년쯤부터 'Y2K'가 재유행하면서 꾸준한 사랑을 받고 있어!('0') Y2K를 대표하는 여성의 스타일 중 하나는 배꼽이 보일 정도로 짧은 상의 '크롭탑(crop top)'과 통이 넓은 '와이드 팬츠'를 매치하는 거야. 그런데 크롭탑(크롭티)이 오랜 기간 트렌드로 자리 잡으면서 문제가 생겼어.

상의를 사러 가면, 한 뼘도 채 되지 않는 크롭티 아니면 너무 크고 헐렁한 옷이 대부분이고, 중간 사이즈의 상의는 찾아보기 어려워졌거든ㅠ. 짧은 옷이 부담스러운 사람, 다양한 체형을 가진 사람들 입장에서는 옷을 선택할 수 있는 범위가 확 줄어든 셈이야. 몸매에 자신감이 없는 사람들에게는 압박감이 더 생길 수도 있지. 게다가 크롭티는 몸에 붙는 옷이라 아무래도 활동하기 쫌 불편해. 배가 드러나니까 감기에 걸리기도 쉽다구!ㅋㅋㅋ

옷 가게에서 크롭티를 본 한 시민은 "강아지 옷인 줄 알았는데, 알고 보니 사람 옷이었다."라고 씁쓸히 말하기도 했어. 아무튼 패션의 유행은 단순히 패션만의 문제가 아니라 개인의 심리적인 문제, 사회 전체의 분위기에도 영향을 미쳐. 때론 옷 대신 불편한 유행을 과감히 잘라내 보는 건 어떨까?

Y2K 'Year 2000(2K)'의 약자로, 1990년대 후반부터 2000년대 초반의 스타일을 반영하는 패션 트렌드. 디지털 기술의 발전과 밀레니엄에 대한 기대감이 반영된 미래지향적인 디자인, 형광색이나 금속 같은 밝고 대담한 색상, 활동적인 운동복 등의 스타일이 특징이다.

비트코인 학과가 생긴다고?!

 강원대 오징어심리학과, 대불대 목탁디자인학과, 제주대 감귤포장학과… 모두 이름은 그럴싸하지만 실제로 존재하지 않는 가짜 학과들로 알려져 있지. 그런데 가짜처럼 보이는 진짜가 왔어. 바로 한양대 '비트코인철학과'! 한양대가 '철학'과 '비트코인'을 접목한 학과를 진짜로 신설 추진 중에 있다는 거야!

 한양대 관계자는 아직 세부적인 내용이 나오지 않은 상황이라 정확한 내용을 공개할 순 없다고 말했어. 하지만 신설되는 비트코인철학과에서는 흔히 알고 있는 컴퓨터공학이나 소프트웨어공학처럼 기술 중심의 교육이 아닌, 철학이라는 인문학적인 관점으로 접근한 차별화된 교육 과정이 구성될 것으로 전망하고 있어.

실제로 판매되고 있는 반려돌 제품.
amazon.com

반려돌 키워볼래?

 '반려돌(Pet Rock, 펫록)'을 키우는 사람들이 늘고 있대. 미국에서 시작돼 장난 거리로 여겨졌던 문화지만, 우리나라에서는 스트레스 해소와 마음의 안정을 위한 것으로 받아들여지고 있어. 유명 연예인들을 통해 알려졌고 이제는 반려돌을 위한 다양한 상품도 출시되면서 한국의 반려돌 시장도 크게 성장하고 있다고 해. 사료도 필요 없고, 병원에도 갈 필요가 없는, 언제나 어느 곳에나 데리고 다닐 수 있는 돌 하나 키워볼래?

한라산국립공원관리소의 '라면 국물 남기지 않기 운동'. 한라산국립공원관리소

한라산은 라면 국물에 절여지는 중

최근 한라산이 몸살을 앓고 있다고 해. 이유는 다름 아닌 라면 국물 때문! 많은 탐방객들이 한라산 꼭대기에서 컵라면을 먹고 남은 국물을 화장실이나 땅에 버린다는 거야. 국물 처리용 통이 여러 대 있긴 하지만 사람들이 버린 국물 양에 비해 용량이 부족해. 음식물 처리기도 설치돼 있지만, 라면 국물의 높은 염도 때문에 처리기 속 미생물들이 다 죽어버려서 제 기능을 하지 못한대.

이렇게 염분이 많은 국물 같은 음식쓰레기가 한라산의 토양과 수질에 녹아들면 그곳에 사는 동식물이 살아갈 수 없게 돼. 또 음식 냄새를 맡고 올라온 야생동물들이 오염된 음식을 섭취하면 생태계 교란을 초래할 수도 있고!

이런 문제를 해결하기 위해 한라산국립공원관리소는 '라면국물 남기지 않기 운동'을 진행하고 있어. 컵라면에 스프와 물을 반씩만 넣어서 만들어 먹자는 거지. 음식물 섭취를 막을 수는 없으니까 쓰레기를 최대한 만들지 말자는 취지야. 이제부터라도 많은 사람들이 지켜서 한라산이 더 이상 오염되지 않기를 바라!

휴머노이드 로봇 피규어01
시연영상

인간에게 사과를 건네는 피규어01 로봇. 피규어AI 유튜브 캡처

먹을 거 달랬더니 AI가 사과 먹으라고 줌;;

먹을 걸 달라고 했을 때 어디선가 로봇 손이 튀어나와 사과를 건네주면 어떨 것 같아?

한 휴머노이드 로봇 개발사가 유튜브에 올린 영상 속에는 '피규어01'이라는 로봇이 사람과 실시간으로 대화하면서 요구받은 일을 수행하는 모습이 나와! 먹을 걸 달라고 하면 테이블 위에 놓인 물체 중 유일한 식품인 사과를 건네주고, 스스로 생각해서 접시와 컵을 식기 건조대에 착착 정리하기도 하지. 로봇은 빠르지도, 그렇다고 느리지도 않은 모습으로 차분히 임무를 수행하는 모습이었어.

로봇개발사 측은 이 로봇은 '자신의 시각적 경험을 설명'하고, '그다음 행동을 계획'하고, '기억을 반추'하고, '추론한 내용을 설명할 수 있다'고 말해. 영상을 접한 네티즌들은 "로봇이 아니라 사람 같다", "좋든 나쁘든 우리는 새로운 시대에 접어들었다"라며 놀라워했어.

백두산 천지. wikipedia

백두산, 중국명 창바이산으로 유네스코 등재

'동해물과 백두산이 마르고 닳도록~' 애국가 1절 첫 소절에 나오는 우리 민족의 영산 '백두산'이 중국 이름 '창바이산'으로 유네스코 세계지질공원에 등재됐다는 소식이야.. 백두산은 화산 활동이 가장 잘 보존된 지역으로, 특히 정상에 있는 천지 호수가 아름다운 풍경을 자랑해. 백두산의 4분의 1은 북한, 4분의 3은 중국에 속해 있어.

중국은 2020년에 백두산을 중국의 세계지질공원으로 인증해 달라고 요청했고 이번에 인증이 이뤄진 건데, 북한은 2019년에 이미 인증을 요청했지만 후보에 오르지 못했대. 국내 역사학계에서는 중국이 백두산 일대의 역사와 문화를 중국만이 차지하는 '백두산 공정'을 강화할까 우려하고 있어.

경제

P. 11
1. 기회비용
2. 목소리
3. 목숨

P. 13
1. 기준금리
2. ③
3. 한국은행

P. 15
1. O, X, X
2. ②

P. 17
1.

①화	②페			
	기		④추	
		③매	출	액
	⑤세	⑥금		
		속		

P. 19
1. 대중교통비, 15
2. ④
3. 경기도 '더(the) 경기패스', 인천시 '인천 I-패스'

P. 21
1. E S G

P. 23
1. 협찬, 광고기법
2. 네이버 웹툰 '청춘 블라썸'
3. ②

P. 25
1.

		②연		④폭
		착	③추	락
①경	착	륙	⑥재	
			정	
	⑤통	화	정	책
			책	

P. 27
1. 인쇄, 화폐
2. X, X
3. ④

P. 29
1. X, O
2. ①, ②, ④
3. 공모전

P. 31
1. O, X
2. ③
3. 생산

P. 33

1. 한계효용
2. O, X
3. 예시) 사장님 입장에선, 비싼 초밥만 골라 먹는 손님이 야속하겠지만, 5만원에 무한대로 먹으라는 무한리필의 약속을 지켜야 한다고 생각해요.

P. 35

1. O, O
2. 번들 상품, 비용, 이득
3. ④

P. 37

1. ①
2. 신용점수

P. 39

1. 국내총생산
2. 부가가치
3. ②, ③

P. 41

1.

①베	블	런	효	②과
				시
③④소	비	패	턴	욕
비				
자				

2. 재산과 지위

P. 43

1. 시각적, 착각
2. O, X
3. 용량

P. 45

1. 리볼빙
2. 숙제 미루기 (또는 늪)
3. ①

P. 47

1. 2.0℃
2. ③
3. 슈거플레이션

P. 49

1.

	②충			
	①전	기	⑥자	동	차
③네	④이	버	율	
	커		주	
	머		행	
	⑤스	타	벅	스

사회문화

P. 53
1. 프리터족, 아르바이트
2. O, X, O
3. 평생직장

P. 55
1. ③

P. 57
1. 경고해 주는, 광부
2. ②
3. 전자센서

P. 59
1.

	②진			
①의	료			
		③영	④유	아
	⑥환		료	
⑤적	자		화	

2. 생명, 의료 불평등

P. 61
1. 할매니얼, 할매, 밀레니얼
2. 약과
3. 예시) 할매니얼 열풍 속에 비락식혜 제로가 출시 50일 만에 판매량 300만 개를 달성했어요.

P. 63
1. 문화재
2. O, X
3. 예시) 스페인 화가 바르톨로메 에스테반 무리요의 '성모잉태화'가 한 가구복원업자에 의해 심하게 훼손돼 논란이 됐어요.

P. 65
1. 솅겐조약
2. O, X
3. ④

P. 67
1. 일본, 1963
2. X, O
3. 예시) 신라면, 너구리, 오징어짬뽕

P. 69
1. 동물실험
2. O, O
3. '해당 제품을 만드는 기업은 원료부터 완제품까지, 모든 생산 과정에 동물실험이 없다는 것'을 인증받은 국제 공용 인증 마크예요.

P. 71
1.

	①우	크	라	②이	나
				스	
	③천	조	④국		라
			방		엘
			비	⑥평	
				⑤화	합

환경

P. 75
1. 위장 환경주의
2. ①, ③
3. 자발적 탄소 시장공개법

P. 77
1. 화석연료
2. ④
3. 지속가능 항공유

P. 79
1. 환경자원
2. X, O
3. 예시) 한강밤섬 송도갯벌, 우포늪

P. 81
1.

		③진	④해	만	
			⑤양	식	업
			생		
	②수		물		
①빈	산	소	⑥수	괴	
	업		온		

P. 83
1. 빛공해
2. X, O
3. ③

P. 85
1. 이산화탄소
2. 환경성적표지
3. ④

P. 87
1. 0
2. ④
3. 원자재

P. 89
1. 플라스틱, 환경호르몬
2. ①
3. 예시) 음료를 포장할 때, 텀블러를 사용해요.

P. 91
1.

	②산			
①광	합	성		
		④둥	⑤⑥포	획
③서	식	지	상	
			금	

P. 93
1. 경제적
2. ①, ②
3. O, O

과학

P. 97
1. 버추얼 휴먼, 가상
2. ④
3. 예시) 미국 LA출신 버추얼 휴먼 팝 가수 '릴 미켈라(Lil Miquela)'

P. 99
1. 모방, 창작
2. ②

P. 101
1. 막대, 번호
2. ③
3. X, O

P. 103
1.

	② 증			
	발	③ 악	순	④ 환
① 강	수	량		경
		⑥ 사		난
		막		민
⑤ 기	후	변	화	

P. 105
1. 메타물질, 초월, 물질
2. 굴절률
3. ③

P. 107
1. ③
2. 예시) 제한 없이 AI가 저작물을 학습할 수 있게 된다면 저작권자의 권익을 지나치게 해치는 결과가 초래될지도 몰라요.

P. 109
1. ②

P. 111
1. 사각뿔, 무덤
2. 이등변
3. X, O

P. 113
1. 한해살이풀, 겹잎
2. O, X
3. ①

P. 115
1. 인공위성
2. ④

펴낸날 2024년 7월 5일 1판 1쇄

글 어린이 경제신문

편집 진로N (진로엔)
펴낸곳 나이스에듀 (진로N)
출판등록 제 2024-000001호
주소 (21315) 인천 부평구 부평대로 283, A동 115호
전화 1660-0848
이메일 jinronedu@daum.net
홈페이지 www.econi.com 어린이 경제신문
www.jinron.kr 진로엔뉴스

정가 15,000원
ISBN 979-11-988086-1-5(73700)

copyright©2024 어린이 경제신문 / 진로N

- 이 책을 무단 복사·복제·전재하면 저작권법에 저촉됩니다.
- 이 책 내용의 전부 또는 일부를 이용하려면 반드시
  어린이 경제신문과 진로N의 동의를 받아야 합니다.
- 잘못된 책은 구입하신 곳에서 교환해 드립니다.